PESQUISA CRIATIVA

Um guia para conduzir pesquisas que levam a resultados inovadores

Eduardo Pucu de Araujo

PESQUISA CRIATIVA

Um guia para conduzir pesquisas que levam a resultados inovadores

ELSEVIER

CAMPUS

Revisão: Vanessa Raposo
Editoração Eletrônica: SBNigri Artes e Textos Ltda.

Elsevier Editora Ltda.
Conhecimento sem Fronteiras
Rua Sete de Setembro, 111 – 16º andar
20050-006 – Centro – Rio de Janeiro – RJ – Brasil

Rua Quintana, 753 – 8º andar
04569-011 – Brooklin – São Paulo – SP – Brasil

Serviço de Atendimento ao Cliente
0800-0265340
sac@elsevier.com.br

ISBN 978-85-352-7637-4
ISBN (versão eletrônica) 978-85-352-7638-1

Nota: Muito zelo e técnica foram empregados na edição desta obra. No entanto, podem ocorrer erros de digitação, impressão ou dúvida conceitual. Em qualquer das hipóteses, solicitamos a comunicação ao nosso Serviço de Atendimento ao Cliente, para que possamos esclarecer ou encaminhar a questão.

Nem a editora nem o autor assumem qualquer responsabilidade por eventuais danos ou perdas a pessoas ou bens, originados do uso desta publicação.

CIP-Brasil. Catalogação-na-fonte.
Sindicato Nacional dos Editores de Livros, RJ

A688p

Araujo, Eduardo Pucu de
Pesquisa criativa / Eduardo Pucu de Araujo. – 1. ed. – Rio de Janeiro: Elsevier,2014.
168 p.

ISBN 978-85-352-7637-4

1. Pesquisa - Metodologia. 2. Negócios. 3. Inovações. I. Título.

14-13866

CDD: 001.42
CDU: 001.8

Dedicado à minha esposa e a meu filho que vai nascer,
provavelmente junto com o livro,
e aos meus pais, Amélia e Adauto.

Agradecimentos

À PUC-Rio, onde encontrei um ambiente acolhedor, cercado de inspiração e com ótima infraestrutura.

Aos colegas professores, pelos constantes debates e confronto de ideias, especialmente Fernando Carvalho, Simone Formiga, Henrique Monnerat e Luciana Montenegro.

Aos colegas da Interação Pesquisa, Rubens e Rosa, com os quais pude aprimorar meus conhecimentos.

À Vera Nojima, pela orientação na vida acadêmica.

À minha família, que sempre me deu apoio nas decisões difíceis da vida.

Aos eternos amigos, Claudio, Marcelo, Alexandre e Júnior, pelas risadas e pela eterna amizade.

À minha esposa Amanda e ao meu filho Leonardo, que aguardamos ansiosamente pela sua chegada.

Sobre o autor

Eduardo Pucu de Araujo é mestre em Design pela PUC-Rio e Mestre em Design Estratégico pelo Politecnico di Milano (2007). Possui graduação em Desenho Industrial (2002) e especialização em Ergonomia (2003) pela PUC-Rio. Professor horista da PUC-Rio, professor de pós-graduação do Instituto Europeo di Design e consultor em Design Estratégico, com atuação nacional e internacional. Atualmente, dedica-se a atividades voltadas para a inovação através de consultorias e pesquisas acadêmicas. Já trabalhou para Nokia, Gaggia, Allsteel, Cultura Inglesa, P&G, Johnson & Johnson e outros.

Sumário

1

Pesquisa? E Criativa?

Este livro é sobre como o ato de pesquisar leva a inovações. Ao longo do texto, adentra-se o universo da pesquisa, seus processos e métodos, com o intuito de alimentar ideias, que se tornarão inovações. A pesquisa é uma ótima maneira de gerar ideias, pois para criar o futuro, é necessário entender o presente.

Pesquisa Criativa é um termo criado para designar uma mistura de métodos e técnicas de pesquisa, oriundos do Design, da Antropologia e do Marketing. Essa abordagem multidisciplinar é a essência desse processo, pois aborda diferentes olhares sobre um mesmo projeto. Imergindo na Pesquisa Criativa, desde a sua preparação, imersão, registro e documentação, aprende-se um enfoque metodológico sobre os princípios que levam à inovação. Expõe as necessidades técnicas para que a etapa de imersão de um projeto possa atingir sua amplitude e que as informações sobre o público-alvo possa ser melhor aproveitadas e trabalhadas. Ao longo da leitura, ilustram-se as etapas de pesquisa de projetos focados em inovação, adaptando as restrições de briefing, tempo e escopo de trabalho. Este trabalho traz um panorama das etapas do processo de pesquisa qualitativa aplicados em projetos de novos produtos, serviços ou marcas.

Novas fronteiras

Em São Gonçalo, município do Rio de Janeiro, existe uma loja de móveis usados chamada Inovação Móveis, que vende, naturalmente, móveis usados e não realiza nenhuma intervenção no objeto. Essa loja é apenas mais uma loja, como diversas outras, vendendo móveis usados, mas que utiliza o termo inovação como ferramenta de marketing. Se digitarmos *inovação* no Google, obtêm-se mais de 15 milhões de links, e os assuntos são os mais diversos possíveis. Segundo o site do INPI, em 2013, existiam mais de 20 marcas registradas que utilizam inovação como nome, de agências de viagem a serviços postais.

Não é necessário levantar muitos dados para afirmar que a palavra inovação possui um significado bastante abrangente. Segundo o dicionário Aurélio, inovação é a introdução de alguma novidade na legislação, nos costumes, nas ciências, nas artes etc. Em outras palavras, mais uma definição que pode ser usada em qualquer indústria, de qualquer segmento. É um termo que caiu no uso comum, aproveitado para designar praticamente qualquer coisa. Hoje em dia, inovação é um adjetivo sem muita relevância ou diferenciação para quem lê.

Produzir novidades para oferecer ao mercado é algo que ocorre desde a Revolução Industrial, quando surgiram as grandes fábricas, e consequentemente, a concorrência. Para se destacar no mercado, as empresas apostavam em novos produtos, através de melhorias na qualidade. Essa necessidade de inovar se tornou fundamental para as empresas, assim como as vendas, a produção e a montagem. A introdução de alguma novidade, parafraseando o Aurélio, deveria ser tão rotineira e tão comum quanto as atividades citadas acima.

No entanto, uma novidade não é, necessariamente, bem aceita. E é exatamente aí que mora o perigo. Muitas empresas criam suas novidades de dentro para fora. Surgem propostas envolvendo novas tecnologias, novos mecanismos, e nem sempre obtém-se o sucesso esperado. Basta lembrar algumas tecnologias recentes, transformadas em aparelhos que não obtiveram um sucesso comercial, como o BetaMax, o Laser Disc, o MD player e outras.

Nem sempre o fracasso de um produto está ligado somente à tecnologia. O produto é envolto de significados e, se não forem bem compreendidos pelo público, ele não será aceito.

Em alguns projetos pode-se identificar essa dissonância entre a compreensão do público e a proposta da empresa com mais clareza. Certa vez, uma agência de Design foi contratada para criar uma embalagem de pomadas infantis. A empresa não realizou um processo de pesquisa, optando por usar referências visuais já estabelecidas em outros segmentos. Os designers coletaram diversas imagens relacionadas ao público infantil para criar a embalagem, optando por oferecer ao cliente uma versão inspirada em uma antiga propaganda da Parmalat. Essa propaganda, muito presente no imaginário das crianças dos anos 1980, mostrava crianças fantasiadas de animais e bebericando leite.

A equipe de desenvolvimento se aproveitou da referência e criou uma embalagem que continha uma faixa com referências a animais, na parte frontal. Visualmente, era composta de logotipo, padronização de fundo e faixa lateral. Essa faixa era composta de textura simulando a pele do animal, e formato do bicho. Em outras palavras, a faixa simulava a pelagem de cachorrinho, um gatinho e uma vaquinha. Esses animais se aproximariam do universo infantil, conforme provado no comercial da Parmalat.

A apresentação do produto à empresa obteve um feedback bastante positivo pelos gerentes de *branding*, levando a embalagem a um próximo passo: um grupo focal com as compradoras. As embalagens foram, então, expostas para as mães, com um resultado catastrófico. Ao ver uma pomada com temas de animais em sua comunicação, essas mães imediatamente associaram a um produto veterinário, rejeitando prontamente a proposta de embalagem.

Esse exemplo demonstra uma das aplicações de pesquisa. Se a empresa tivesse executado uma pesquisa preliminar, poderia ter identificado os principais símbolos que compõem o universo materno, e certamente não teriam optado por animais. Uma pesquisa não mapeia somente o que as pessoas falam, tampouco somente as referências visuais de concorrentes ou similares, mas principalmente as emoções: o que elas pensam e sentem em relação a um produto e seu uso.

A vantagem de adotar um investimento em pesquisa é justamente reduzir e evitar erros dessa natureza. Ao investir nas etapas iniciais de um projeto, reduz-se os investimentos em retrabalhos, e aumentam as suas chances de êxito.

Outro exemplo: o processo de desenvolvimento de um telefone envolve a criação de moldes de injeção. Cada peça plástica exige um molde, e esses elementos têm um custo expressivo no desenvolvimento do produto. É estratégico para o fabricante investir em uma boa pesquisa, a fim de reduzir o risco de retrabalho, atividade que seria praticamente inviável no final do projeto. (Fig. 1.1)

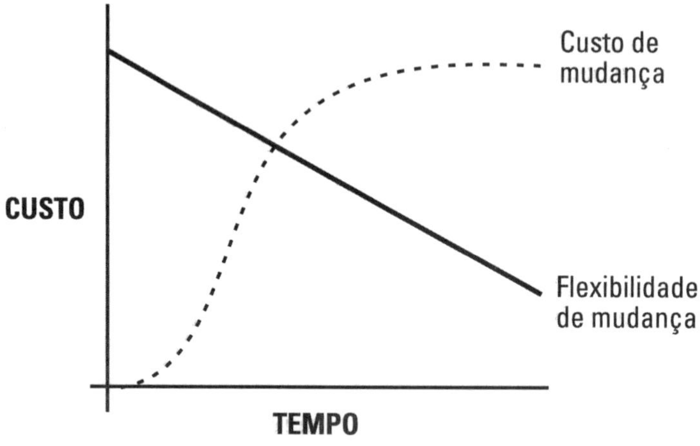

FIG. 1.1 – Custos de mudança

Verganti (2009) sinalizou que a inovação que efetivamente gera uma ruptura é marcada por uma transformação de significados. Em seu raciocínio, o Designer não precisa de centrar suas propostas no usuário. Ele critica o *Human Centered Design*, afirmando que grandes inovações foram criadas sem perguntar para as pessoas o que elas queriam. Justifica seu ponto de vista através da citação de Henry Ford: *Se eu fosse perguntar para as pessoas o que elas queriam, eu teria criado carruagens mais rápidas.*

No raciocínio de Verganti, o Designer possui um repertório e um expertise que pode oferecer novos significados a produtos. Os exemplos da Alessi são conclusivos para essa afirmação. O clássico espremedor de limões de Phillip Starck é uma inovação de significado e não foi criado através de pesquisa.

Nigel Cross (2011) disseca em sua obra, *Design Thinking*, o processo de criação do clássico espremedor de limões projetado por Phillip Starck para a empresa Alessi. No caso, após muitos *sketches*, as formas desenhadas por Starck remetiam a memórias que ele possuía de sua infância, dos livros e revistas de ficção científica, e aos desenhos de seu pai, engenheiro de aviação.

O conceito do espremedor não surgiu aleatoriamente, ele emergiu do repertório visual e cultural de Starck, que o transformou em um objeto de desejo para os clientes da Alessi. Na realidade, o conjunto de formas moldou-se na mente do designer para resolver um problema que o atormentava desde o briefing.

O processo criativo em questão parece enaltecer a mente do designer que, genialmente, cria um objeto inovador. Esse processo parece ser radicalmente diverso do que se observa nas ciências e nas engenharias, onde são necessários cálculos, provas e contraprovas, hipóteses e afins. Nessas disciplinas, o método científico clássico predomina, elaborando questões e respostas do tipo “Se... então...”. Esse método é pontual, resolve equações matemáticas e experimentos científicos. Nas ciências humanas e sociais aplicadas isso não funciona sempre. Toda abordagem que envolve o ser humano deve ser holística, considerando diversas aproximações para o comportamento humano.

Por isso, é necessário analisar a fundo o processo criativo e projetual do designer, e concluir que é um pouco mais complexo do que aparenta.

Lloyd e Snelders (*apud* Nigel Cross, 2011, p. 18) desconstruíram o processo criativo de Starck, e mostram que o conceito não foi um inexplicável *flash* de inspiração que surgiu de sua mente, mas um processo de analogias, da persistência do problema na mente do designer, repleta de formas e narrações sobre uma situação onde o produto se insere. O que Starck fez foi buscar em seu repertório analogias para a funcionalidade do objeto, relembrando tanto as situações em que o produto fora utilizado quanto as imagens que o ajudaram a criar um conceito coerente, prático e atraente.

Starck enfrentava duas questões no desenvolvimento do seu produto: uma estética e outra funcional. Precisava criar um objeto que saltasse da cozinha e fosse para as salas das pessoas, pela sua forma, e ainda deveria funcionar como espremedor de limões.

Ele não utilizou pesquisa diretamente para criar seu objeto. Porém, alimentou-se de um repertório já existente de imagens e narrações que continham o objeto em questão como central e, portanto, foi capaz de transformar uma percepção cultural própria em um *insight*, que futuramente deu origem ao tão famoso objeto.

Mas, como projetar em situações onde não possuímos conhecimento sobre o objeto de estudo, ou não possuímos referências e temos um repertório vazio? Em muitos casos, não conhecemos nosso público-alvo ou não sabemos como ele reage diante de uma nova oferta. Nessas ocasiões, a pesquisa se faz útil, pois é capaz de rechear de informações a mente do pesquisador, para que tenha material suficiente para fazer analogias e criar histórias sobre novos produtos e serviços.

Logo, o ato de projetar envolve o ser humano e, portanto, não pode ser mensurável do mesmo modo com que resolvemos equações. Os parâmetros mudam de acordo com o público-alvo, pois os repertórios são diferentes. O projetar busca, além da geometria de um objeto, criar códigos, que serão interpretados pelas pessoas.

Quando se trata de serviços, essa situação se torna mais latente. Serviços são mais abstratos, dependem de interfaces e são interativos. Em alguns casos, não podem ser replicados à exatidão e não podem ser mensurados com a precisão da geometria. Um exemplo é o serviço de um restaurante, que pode variar dependendo do humor do atendente. Ora, o humor de uma pessoa não é previsível e a dimensão emocional em relação ao serviço é o principal indício de sucesso ou fracasso de um projeto.

A sociedade contemporânea está mudando rápida e profundamente, e como parte dessa mudança pode-se ver uma demanda por novos serviços que são diferentes, em muitos modos, daqueles existentes no passado (MANZINI, 2004). Nos dias de hoje, qualquer empresa tem que projetar a experiência de interação com seu cliente. É o caso de máquinas de lavar, por exemplo, em que os processos de pré-venda e de pós-venda contribuem para a satisfação do consumidor em relação ao produto.

A complexidade da sociedade pós-industrial está refletida nas demandas por novas experiências que não podem ser criadas com os métodos que anteriormente funcionavam, sendo necessário uma adaptação metodológica do próprio ato de projetar, tornando-o multidisciplinar e extrapolando o universo singular do Design.

E projetar para essa nova sociedade, multifacetada, segmentada, formada por diversas subculturas de consumo, requer novas abordagens e uma metodologia capaz de aglutinar conhecimentos e transformá-los em produtos, serviços ou marcas. Nossa sociedade pós-industrial requer novas formas de trabalho, novas experiências e novas atitudes por parte dos profissionais.

Imagine o cenário: Acordar cedo, tomar o café da manhã, se arrumar, ir para o trabalho e trabalhar até a hora do almoço, almoçar reclamando do chefe, trabalhar mais até o momento de ir embora para casa. Chegar em casa, jantar e finalmente relaxar com a família até o dia seguinte, quando repete-se tudo do mesmo modo. Esse é o cenário de trabalho que predomina desde a revolução industrial, ocorrida no século XVIII.

O mundo mudou. Hoje muitas empresas permitem que seus funcionários trabalhem de casa. Outras transformaram o local de trabalho para um espaço divertido, inusitado, para estimular seus funcionários a serem criativos. A tecnologia nos trouxe novas formas de viver.

Nos anos 1980 os celulares não existiam. Hoje, são 5 bilhões de aparelhos espalhados pelo mundo, e esse número só tende a crescer, inclusive ultrapassando o número de habitantes do planeta. Novas formas de comportamento ocorreram, novas interações nasceram, novas tecnologias surgem a cada instante. Somos bombardeados de informação a todo momento, e precisamos filtrar boa parte do conteúdo que nos é exposto.

Em um mundo complexo, em constante evolução e vivenciando uma revolução tecnológica, social e econômica, cabe aos novos profissionais projetarem o futuro, com base nas novas demandas da população. Os serviços e produtos do passado não satisfazem as novas demandas das pessoas. De telefones a modelos escolares, veremos muitas novidades nos próximos anos.

Pesquisador: analista, designer, consultor, parceiro, funcionário, psicólogo, antropólogo... Quem é o agente da mudança?

O agente da mudança não é formado em uma única disciplina. Ele possui formação transdisciplinar, conhece diversas áreas e não necessariamente é especialista em alguma coisa. É capaz de transitar por diversos universos com desenvoltura e atenção para escutar e dar voz ao outro. Cria a partir do outro. O processo de trabalho desse profissional vai além de filtros e busca por informação. Ele se propõe a criar a partir de dados diretos, coletados na fonte. Esse processo o capacita a filtrar, interpretar e diagnosticar sinais dados pelos usuários e assim poder propor novas possibilidades.

Chamamos esse profissional de pesquisador, mas ele pode ser um designer, analista, consultor ou qualquer termo ou designação. Muito mais relevante do que o *background* do profissional é a sua atitude na condução do processo e das suas experiências anteriores. Naturalmente, quanto mais experiência, mais conexões o profissional poderá realizar, estimulando o pensamento criativo. Porém, profissionais que estudam um único assunto por toda a vida, ou que aprenderam fórmulas para executar o seu trabalho não costumam ter bom desempenho em atividades que exigem pensar "fora da caixa", pela falta de prática. Isso ocorre porque esses profissionais tendem a ter a resposta do projeto antes mesmo da formulação de uma questão. Como veremos mais à frente, uma das etapas primordiais do processo de Pesquisa Criativa é a desconstrução do problema, que proporciona novos paradigmas de solução. Ora, o que buscamos com esse processo é justamente novos produtos e serviços, que não podem ser criados utilizando processos do passado. Não podemos esperar um pudim de chocolate se estamos seguindo uma receita de bolo de fubá.

No entanto, apesar do nome, a atividade de Pesquisa Criativa não é puramente criativa. Ela envolve análises e coleta de dados, atividades mais pragmáticas. O profissional que embraçar essa metodologia deverá ser capaz de trabalhar de forma analítica e criativa simultaneamente.

Dessa forma, recomenda-se que, para execução desse processo, seja utilizado um time multidisciplinar, onde misturam-se perfis e diferentes *backgrounds*. Para que o trabalho em equipe possa ser potencializado, é necessário que ao longo do processo algumas atividades sejam executadas individualmente e outras de modo coletivo. Por exemplo, entrevistar pessoas com mais de dois integrantes pode causar constrangimento por parte do entrevistado. Já analisar dados requer um pensamento coletivo.

Algo que se espera de um profissional ligado a essa atividade é uma capacidade de conectar fatos, criar correlatos de fatos aparentemente desconexos, interpretar e analisar dados. Espera-se uma sensibilidade para compreender o outro, atitude cada vez mais rara. Afinal, mais do que entender as pessoas, vamos aprender com elas.

Essas habilidades são requeridas na primeira etapa, de interação humana e coleta de dados. É necessário analisar toda a informação, e para isso, capacidade de síntese e simplificação complementam o quadro de conhecimento do profissional. Pense que se você realizar apenas 10 entrevistas, e cada uma tiver duração de uma hora, serão 10 horas de entrevista. O cliente que contratou você não dispõe de tantas horas para ver todo o conteúdo. Em muitos casos, apresenta-se a pesquisa para um gerente, um diretor e, de acordo com os resultados, o CEO da empresa. Neste último caso, você terá bem menos tempo para expor os resultados. Em muitas situações, será encaixado entre uma e outra reunião do cliente. Portanto, é necessário simplificar e ser bem objetivo com sua apresentação.

Outro requisito importante para esse profissional é a capacidade de criar e fazer com que seus colegas e entrevistados produzam ideias. Mais do que ser criativo, esse profissional precisa ser capaz de fazer com que pessoas pensem de modo colaborativo e construtivo. Uma das etapas desse processo é composta por atividades de geração de ideias, realizadas de modo interdisciplinar. Juntam-se os colaboradores da empresa com o público em sessões generativas, a fim de produzir uma quantidade de ideias expressiva, que posteriormente serão lapidadas. Deste modo, o profissional deve ser capaz de conduzir essas sessões extraindo o máximo de ideias dos participantes. Isso requer conhecimentos sobre processos criativos.

No entanto, ser criativo não basta, é importante ter a capacidade de interpretar e julgar uma ideia. Em sessões generativas, as ideias são geradas sem filtros e cabe ao facilitador registrar e "trazer para a realidade" essas ideias. Novamente, é um processo analítico, no qual ocorre uma reinterpretação das ideias, adequando-as às realidades da empresa.

Apesar de todos esses requisitos, essas habilidades são facilmente desenvolvidas caso o profissional esteja aberto a rever seu modo de trabalhar.

Propósito, Autonomia e Excelência

Aqueles que se interessam por pesquisa devem compreender que lidamos com seres humanos. Cada ação nossa impacta diretamente o outro. Ao criar alguma coisa com base no que foi dito por ela, você está interferindo indiretamente no seu cotidiano e na sua qualidade de vida. Portanto, o profissional de pesquisa deve ter um senso de responsabilidade, e principalmente uma motivação para realizar esse tipo de trabalho. Daniel Pink (2010) destacou três elementos para se ter motivação no trabalho. No processo de pesquisa e inovação, amplamente conectado com o ser humano, é importante ter consciência de que suas propostas terão impacto diretamente sobre o público-alvo pesquisado. Passamos anos a fio estudando diversos assuntos para compor nossa carreira, e não queremos dedicar todo esse tempo investido ajudando uma empresa a vender mais o seu produto, se não acreditarmos que esse produto é o ideal para as pessoas. Somos profissionais capazes de propor mudanças radicais, melhorias na qualidade de vida dos indivíduos e das sociedades.

1. Propósito

Propósito reflete a conexão entre as suas convicções e os desejos dos clientes. O pesquisador profissional se depara com questões que podem incomodar em um primeiro momento. Sem considerar dilemas éticos, existem situações em que a demanda do cliente pode ser potencialmente prejudicial ao seu público. Por exemplo, pesquisar adolescentes para entender suas escolhas e, dessa forma, decidir como será a inclusão de novos fumantes no mercado. Em situações assim, o pesquisador orientado para inovação deve trabalhar a demanda do cliente, ajudando a empresa a encontrar um propósito maior em seu trabalho. Essa mesma empresa de cigarros que pretendia pesquisar potenciais futuros consumidores de cigarro poderia reinterpretar sua demanda com uma abordagem mais inovadora e menos agressiva: Como uma empresa de cigarros pode transformar seu produto em algo que não traga prejuízos ao seu cliente? Se pensarmos no que uma empresa desse tipo dispõe de melhor, certamente não é o seu produto, mas, sim, as pessoas que trabalham lá, seus procedimentos de vendas, a sua rede de distribuição etc. Algumas sessões criativas e certamente novos cenários mais interessantes poderiam ser elaborados.

A parte mais interessante da conclusão de Pink é que dinheiro e lucro não são as principais molas propulsoras de empenho e motivação. Novas gerações buscam modelos de negócio mais sustentáveis e justos. O pesquisador envolvido com inovação tem o desafio de apresentar novas formas de negócios para seus clientes, buscando uma sociedade mais justa e igualitária.

Portanto, ao acordar todo dia para ir trabalhar, tenha claro o porquê de suas ações, e quais contribuições você espera trazer para o mundo.

2. Autonomia

Ter a liberdade de conduzir um projeto de pesquisa é um fator fundamental para que o profissional possa ter a motivação necessária para um trabalho bem feito. Existem clientes que buscam ter o controle da pesquisa, e acabam colocando o carro na frente dos bois. É preciso gerenciar as expectativas. Um projeto de pesquisa criativa deve dar liberdade suficiente para que os *insights* possam aparecer sem restrições nem censuras. A autonomia, nesses projetos, é representada por prazos e cronogramas condizentes com a complexidade do projeto.

Projetos dessa natureza demandam certo tempo de maturação para que a equipe possa internalizar os conhecimentos e produzir *insights* relevantes. São notórias as diferenças nos resultados quando as equipes possuem tempo para pensar e analisar suas descobertas.

Autonomia também é dada pelo cliente, que deve confiar na equipe contratada e não buscar resultados imediatamente. É um processo longo e estruturado, no qual diversos fatores podem alterar no resultado. Outro fator que influencia o resultado é a predefinição da técnica e da tarefa. Em muitos casos, o próprio trabalho de campo acaba sendo modificado ao longo da sua execução. Algumas vezes, fugir do protocolo é uma saída perfeitamente aceitável se levar a novos conhecimentos. Em determinada situação, o pesquisador realizava uma entrevista na residência do entrevistado, e este, ao terminar, sinalizou que iria ao supermercado. O pesquisador prontamente se ofereceu para acompanhá-lo, e assim verificar o seu comportamento no ponto de venda. Mesmo que acompanhá-lo estivesse fora do escopo de trabalho, o pesquisador não perdeu a oportunidade para tal, e conseguir mais informações sobre o seu raciocínio de compra. Portanto, muito controle de procedimentos pode ser prejudicial ao projeto.

3. Excelência

Um projeto de pesquisa criativa envolve empenho. Tempo e energia são consumidos durante todas as etapas. Na maior parte dos casos, o cansaço é mental, pois lidamos com muitas horas de interação e pesquisa. O cuidado que se deve tomar é não ficar refém da curiosidade, acreditando que sempre se pode explorar mais. No entanto, o pesquisador deve ter a sensatez de saber quando é o momento de partir para uma nova etapa, fazendo uma boa gestão de seu projeto.

A busca pela excelência deve permear todo o projeto, e especialmente na etapa final, quando as demandas do cliente estão mais latentes e os resultados mais claros. Muitas vezes, é necessário um *sprint* final para realizar a entrega dentro das expectativas do cliente, e dentro de suas próprias expectativas. Ocorre que muitas vezes os pesquisadores novatos se perdem nas etapas iniciais, inseguros com os dados que coletaram. Isso ocorre porque a coleta de dados não foi analisada, e, portanto, não gerou resultados expressivos ainda, deixando o pesquisador inseguro de suas conclusões. Porém, se a Pesquisa Criativa for bem planejada, essas inseguranças desaparecem à medida que a metodologia avança.

Não vamos brigar com os antropólogos

Muitos pesquisadores clamam aos sete ventos que realizam Etnografias para embasar seus projetos. Passam uma semana vivenciando um contexto, acompanhando as pessoas no shopping, realizam algumas entrevistas e dedicam certo tempo nessa imersão. Essa prática não pode ser considerada Etnografia.

Design e Antropologia vêm ganhando popularidade junto às grandes e pequenas empresas, e se tornaram particularmente populares nos anos de 1995-2005 (CLARKE, 2010). Muitas são as publicações sobre o tema e existem informações a respeito nas Ciências Sociais e em livros sobre estratégias de Marketing e comportamento do consumidor, no campo da Administração e do Marketing.

Porém, ao analisar como a Etnografia vem sendo utilizada, encontram-se dissonâncias em relação a sua origem nas Ciências Sociais. As citações referentes à pesquisa etnográfica soam antagônicas e incoerentes ao serem envoltas por interpretações e estudos de diversas naturezas, caracterizado pela subjetividade e parcialidade ao entrar no mundo corporativo dos negócios, na solução e resolução de problemas.

Em muitos casos, empresas realizam pesquisas qualitativas, e levam funcionários a campo com o intuito de fazer Etnografias. No entanto, este trabalho, quando executado sem a devida preparação, cuidado e dedicação, resulta em interpretações lineares dos fatos, que preenchem uma necessidade ou outra. Mas, se o que se busca com a Pesquisa Criativa "é uma inovação sustentável que possa promover uma mudança significativa e de longo prazo e que seja altamente relevante para as pessoas, portanto, é necessário um olhar mais profundo, menos óbvio, para inspirar e informar o pensamento" (SURI e HOWARD, 2006, p. 247).

O mundo corporativo é veloz, denso, preciso. Repleto de números, exige agilidade junto a questões que são imediatas. Em contrapartida, trabalhos de Etnografia costumam durar meses, até anos de imersão, para que o pesquisador possa, enfim, relatar os resultados de sua jornada. São raros os empresários dispostos a contratar um projeto deste tipo, onde sua equipe imerge por um ano e retorna com um relato pessoal, oriundo de uma capacidade intuitiva, subjetiva e incapaz de obter a precisão dos números das pesquisas quantitativas, em que a fórmula matemática traz a conclusão precisa que tanto se busca.

Empresas buscam soluções, não análises. É exatamente nesta questão que a união de Design e Pesquisa se configura como a principal ponte entre o conhecimento de culturas e o mundo corporativo.

Contudo, a Pesquisa Criativa não pode ser definida linearmente, pois é um campo abrangente e interdisciplinar. É uma ruptura entre as fronteiras do Design, da Pesquisa, do Marketing e da Administração. Ela garante a construção do conhecimento pelo reconhecimento de pontos de convergência entre as várias áreas e sua abordagem conjunta, propiciando uma relação epistemológica, resultando do envolvimento, compromisso e integração (NOJIMA, 2010).

Os cientistas sociais parecem incomodar-se com o termo "pesquisa etnográfica" a ser utilizado por designers (BROWN, 2009). Para eles, este processo de pesquisa demanda um tempo de imersão considerável para que seja necessária uma compreensão completa da cultura pesquisada, e uma imersão profunda no contexto a ser pesquisado. Etnografia esteve presente no *modus operandis* da antropologia desde o seu nascimento com Malinowski (CLARKE, 2010, p. 45).

Essa incorporação desenfreada de métodos de Etnografia em projetos comerciais, quando realizada sem a devida preparação e dedicação, vem deixando os designers perplexos e antropólogos cada vez mais nervosos, pelo uso comercial de práticas deturpadas. A maior parte dos antropólogos não consideraria uma semana de vídeos de pessoas escovando os dentes como uma Etnografia, assim como eles não passaram os últimos 6 ou 10 anos estudando Durkheim, Mead e Foucault para convencer a classe média a trocar sua marca de fraldas. No entanto, cada uma dessas práticas – Design e Antropologia –, configura a atividade dos métodos etnográficos em relação a uma demanda específica, em estruturas temporais radicalmente diferentes, produzindo uma disjunção entre as áreas, o que é revelador e potencialmente generativo de novas direções (CLARKE, 2010, p. 34).

A prática do Design utiliza a Etnografia de tal modo a explorar seu potencial especulativo, crítico e experimental, levando a questionar ortodoxos culturais, o que é potencialmente mais inovador do que o método de solução de problemas para o desenvolvimento de novos produtos.

Essa união – Antropologia e Design – possui potencial para resolver problemas mais complexos do que vem sendo feito atualmente, e pode-se utilizar este processo para problemas mais relevantes para a sociedade, como aquecimento global, pobreza, dentre outros (CLARKE, 2010).

Tim Brown também cita as afinidades dos dois processos, mas ressalta que os objetivos são diferentes. O resultado de uma Etnografia cuja origem está na academia é motivado por objetivos científicos, onde se procuram análises profundas e padrões de comportamento. Está nascendo um novo processo de Etnografia fora da academia, que tem uma limitação de tempo e escopo. Este novo processo não busca desenvolver teorias sobre comportamento, mas sim entender o que, no cotidiano das pessoas, pode se tornar oportunidade de projeto. Assim, Brown afirma:

> O melhor meio de iniciar um projeto de design é andar por aí e observar as experiências reais que o público-alvo vivencia [...] e,
>
> Apesar das divergências entre a antropologia e o emprego do termo na área profissional de design, surge uma nova forma de pesquisador, que trabalha em times multidisciplinares e executa pesquisas com prazos mais reduzidos. Esses profissionais não são movidos por objetivos científicos conectados a pesquisas de longo prazo. (2009, p. 46)

O Design e a Antropologia convergem, em um ambiente coorporativo, em processos colaborativos cada vez mais multidisciplinares, que vão compor uma única metodologia focada na inovação de produtos e serviços. Para o empresário, não importa se o resultado vem da utilização de um ou outro processo, contanto que seja refletido no retorno sobre o investimento realizado no projeto.

Nós somos parte da estrutura social que estudamos, e não há como escapar de basear toda pesquisa social em observação participante. Exigir a isenção do pesquisador é negligenciar que somos parte da estrutura que pesquisamos.

Portanto, surge uma abordagem nova de pesquisa, inspirada na Etnografia, nas pesquisas de comportamento do consumidor, e nas pesquisas em Design, que pode ser executada a fim de potencializar soluções inovadoras para as empresas: a Pesquisa Criativa.

Qualitativo e Quantitativo: diferenças e aplicações

É importante ressaltar as diferenças entre pesquisa qualitativa e quantitativa. Cada uma tem seus propósitos e aplicações, sendo indicada para situações específicas. Complementares, podem ser executadas em conjunto, onde o resultado de uma acaba influenciando na metodologia da outra.

A pesquisa qualitativa costuma ser usada para entender o porquê das coisas, as percepções dos usuários e as particularidades dos comportamentos. Ela busca entender o que está por trás do comportamento, quais as razões para uma determinada atitude.

Já a pesquisa quantitativa aborda números. Ela mede quantidades, porcentagens. É uma abordagem muito útil para, por exemplo, avaliar o desempenho de vendas de um produto. Porém, não traz as razões pelas quais o produto foi bem, ou mal, sucedido. A Figura 1.2 demonstra algumas diferenças entre as abordagens.

QUALITATIVA	QUANTITATIVA
Como?	Quanto?
Por quê?	Em que ordem?
Percepção	Preferência
Sentimentos	Market share

FIG. 1.2 – Diferenças entre pesquisa qualitativa e quantitativa

A integração de métodos de pesquisa potencializam os projetos. No caso da Pesquisa Criativa, análises quantitativas podem ser benéficas tanto antes do projeto, a fim de compreender o desempenho de vendas de um produto a ser redesenhado, quanto no final, para avaliar os impactos de uma nova proposta.

A quantitativa avalia números, lógicas e informação objetiva. Por exemplo, medir a performance de uma equipe de vendas ou um estudo sobre a performance regional de um determinado produto em relação à concorrência. Esse processo é interessante para embasar a criação de uma demanda por pesquisa criativa. Se um produto não tem uma performance de vendas adequada, é necessário entender o porquê da insatisfação dos consumidores e verificar se eles estão insatisfeitos com o produto ou com a oferta do mesmo.

Em uma fábrica de telefones, o departamento comercial se queixou da performance de vendas de uma linha de produtos coloridos, recém-lançados. Os telefones mantiveram o mesmo formato da versão antiga, que era vendida nas cores bege e grafite. Os produtos coloridos tiveram suas embalagens modificadas, para agradar a um público mais jovem, e foram produzidos nas cores amarela, azul, verde, branca e cinza. Com a queixa, a diretoria alertou o time de projeto sobre a performance negativa das vendas.

A equipe decidiu investigar o ocorrido, agendando visitas aos pontos de venda, para entender o porquê do fracasso. Após uma procura inicial pelas lojas em que o produto era vendido, constatou-se que elas não estavam recebendo o produto, portanto, não estavam disponíveis para venda! A equipe investigativa entrou em contato com os distribuidores, para identificar o não recebimento do produto por parte do varejo.

Os distribuidores sinalizaram que os telefones coloridos haviam chegado em apenas um lote, que havia esgotado rapidamente, e que novos lotes estavam sendo aguardados. A equipe decidiu, então, voltar à empresa e verificar por que não havia produtos para serem distribuídos. Entraram em contato com a linha de produção, e descobriram que a quantidade de telefones coloridos produzida foi de apenas um único lote, por problemas nas máquinas injetoras. Consequentemente, o desempenho de vendas do produto estava baixo porque não havia produtos nas prateleiras para serem vendidos!

O caso dos telefones coloridos mostra que a pesquisa quantitativa do departamento comercial alertou sobre o desempenho de vendas do produto. No entanto, a investigação do time de projeto trouxe uma abordagem qualitativa, buscando entender a razão da queda nas vendas.

Muitas empresas possuem muita informação sobre seus processos internos e sobre o comportamento do consumidor. Em muitos casos, baseiam suas decisões no comportamento de consumo. Esses dados são valiosos para tomada de decisões pontuais, relacionadas a ações de curto prazo, como promoções e ativações de marca.

Quando se busca a inovação, não é suficiente entender o comportamento do consumidor. É necessário entender o usuário. A princípio, essa frase parece redundante, mas existem diferenças significativas entre alguns termos. Primeiro, consumidor e usuário são elementos distintos. Uma criança pode ser usuária de uma boneca, mas quem consome é a sua mãe, no momento da compra. Assim como chocolates podem ser comprados por um marido apaixonado, mas sua esposa é quem irá usufruir do produto. O comportamento de uma pessoa é pautado pelas suas ações. Portanto, entender o comportamento não mapeia as intenções, aspirações, desejos e vontades. Exemplificando, uma idosa compra roupas em uma loja de departamentos genérica por que não encontra nenhuma marca na qual ela se identifique. O ato de comprar em determinada loja não reflete o desejo de encontrar roupas adequadas ao seu perfil, de uma geração pós-pílula, de mulheres emancipadas e dispostas a viver a terceira idade em sua plenitude. A compra ocorre na loja de departamentos genérica por absoluta falta de opções adequadas ao seu perfil.

Para uma pesquisa de Marketing, o comportamento do consumidor é fundamental para o entendimento de como vender ou sensibilizar a venda. A diferença entre a pesquisa de Marketing e a pesquisa em Design pode ser observada na Figura 1.3, onde Goodwin (2009) compara objetivos de pesquisa de Marketing com os objetivos de pesquisa em Design.

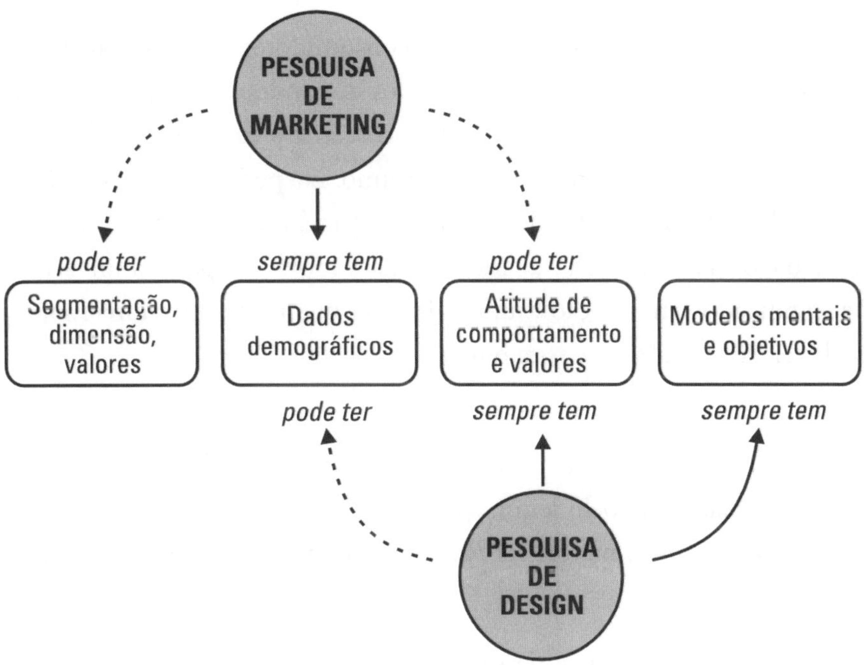

FIG. 1.3 – **Pesquisa de Marketing x pesquisa em Design (ref. Goodwin, 2009, p. 237).**

A Figura 1.3 compara as características da pesquisa de mercado, composta mandatoriamente por dados demográficos, com a pesquisa em

Design, onde é fundamental compreender as atitudes e comportamentos, assim como modelos mentais do público-alvo.

Nota-se que é primordial a presença de modelos mentais para a pesquisa em Design. Ora, modelos mentais nada mais são do que a representação visual de significados que um grupo social compartilha.

Um projeto de Design busca informações de diversas fontes, inclusive de pesquisas mercadológicas. A utilização de outros recursos é fundamental para casos em que se busca a inovação centrada no usuário. Para projetar o futuro, é necessário estudar o presente.

Muitas pesquisas que envolvem consumidores são experimentais e procuram isolar variáveis e analisar dados de modo comparativo, estruturado. Os projetos de Pesquisa Criativa costumam focar em público-alvo, termo que amplia os horizontes do consumo. Na pesquisa de Marketing, o que é relevante são os fatos de consumo de produtos e serviços. Este método não é o mais adequado quando se busca inovação, pois há um sistema de significados em relação a um objeto na mente de um indivíduo, que pode ser muito diferente para outro.

Quando a palavra cadeira aparece aqui, rapidamente se forma, na mente do leitor, a imagem representativa de uma cadeira. Dificilmente a cadeira imaginada pelo leitor será a mesma que o autor está imaginando. Ou você pensou na cadeira *Panton*, desenhada por Verner Panton em 1965?

A pesquisa criativa se destina a entender de culturas, objetos, comportamentos, que isolados, não são interpretáveis. Ela faz uso da semiótica para compreender os sistemas de signos, que por meio de emaranhados de significados, conectados com símbolos e interpretações interligadas, tudo aquilo a que atribuímos uma representação, englobando as ações, valores, crenças e motivações, leva a um conceito de cultura.

A pesquisa Criativa se destina a entender sistemas de significados para modificá-los, reinterpretá-los e atribuir novos valores. Busca tanto entender a cultura humana, quanto desenvolvê-la, através da proposta de novas interações, produtos, serviços ou sistemas.

Recentemente, diversos métodos, como *cultural probes* (GAVER *et al*, 1999), *Design probes* (MATTELMAKI, 2006) e técnicas generativas (SANDERS, 2000) emergiram da união da Antropologia com o Design para que essas experiências pudessem servir para inspirar projetos. Na prática, o contato que os designers têm com os usuários é, normalmente, mediado por outro departamento, como marketing ou pesquisa de mercado, ou por consultores externos. Apesar de ser altamente divulgado na literatura a importância de se estar próximo ao usuário, infelizmente, não é uma prática comum que os designers tenham esse contato direto (VISSER, 2012).

Desnecessário, portanto, ser designer para executar pesquisa e gerar ideias. É preciso incorporar uma forma de pensar, um modo de lidar com as pessoas para aprender com elas. Uma boa pesquisa conecta necessidade e utilidade, transforma dificuldades em possibilidades e necessidades em demandas. A pesquisa deixou de ser pontual, localizada, para se tornar parte de um todo, um elemento consultivo. A pesquisa de hoje extrapola a coleta de informação, passa a ajudar no desenho de sistemas, serviços e tudo o mais que engloba um produto. A pesquisa entende como deve ser a experiência acerca de uma marca, de um produto, de um serviço.

Pesquisa para Inovação

Para produzir inovação através de pesquisa, é importante traduzir o conceito de inovação. Voltamos ao Roberto Verganti, autor do livro *Design Driven Innovation,* que mostra três fontes de produtos inovadores: demandas de mercado, novas tecnologias e o Design. O autor ressalta, porém, que somente através do Design ou de novas tecnologias se atingem inovações radicais, que rompem paradigmas e trazem novos significados para as coisas. Verganti (2009) exemplifica suas ideias através da estratégia da Artemide (uma fabricante de luminárias), que oferece às pessoas uma mudança radical de significado de produtos:

> A Artemide não oferece às pessoas uma melhor interpretação ou mais clareza no que elas já esperam e conhecem sobre luminárias: um objeto mais bonito. A empresa propõe um significado diferente e inesperado: uma luz que faz as pessoas se sentirem melhor. E este significado era o que as pessoas realmente desejavam (p. 23).

Na Figura 1.4, Verganti esquematiza a importância do significado para a inovação, ressaltando que uma mudança radical somente atinge o mercado caso seja composta por uma nova tecnologia e se esta estiver atrelada a um novo significado.

Verganti (2009) ilustra, na Figura 1.4, que existem três modos de inovar. A inovação mais fácil de se atingir é a inovação incremental, ocasionada pela pressão do mercado. Nesse tipo de inovação, o mercado tem uma necessidade e é atendido pelo fabricante. É o caso de incluir mais megapixels em uma câmera de celular. Essa ação, inovadora em um primeiro momento, é incremental e não impede que a concorrência faça o mesmo rapidamente. Outro meio de inovar é através da tecnologia, em que se pode atingir soluções radicalmente inovadoras. Porém, corre-se o risco de as tecnologias inventadas não estarem alinhadas com os desejos e necessidades do mercado, como foi, por exemplo, o Apple Newton, um PDA com tela sensível ao toque, lançado em 1993, que foi fracasso de vendas. A inovação tecnológica ocorreu no produto, porém, o público não estava preparado e não compreendeu as vantagens do objeto. O terceiro modo de inovar é o mais seguro, e é através do Design. Este tipo de inovação ocorre através da atribuição de novos significados a produtos e, quando alinhados com uma nova tecnologia, obtém-se, segundo o autor, uma "epifania inovadora".

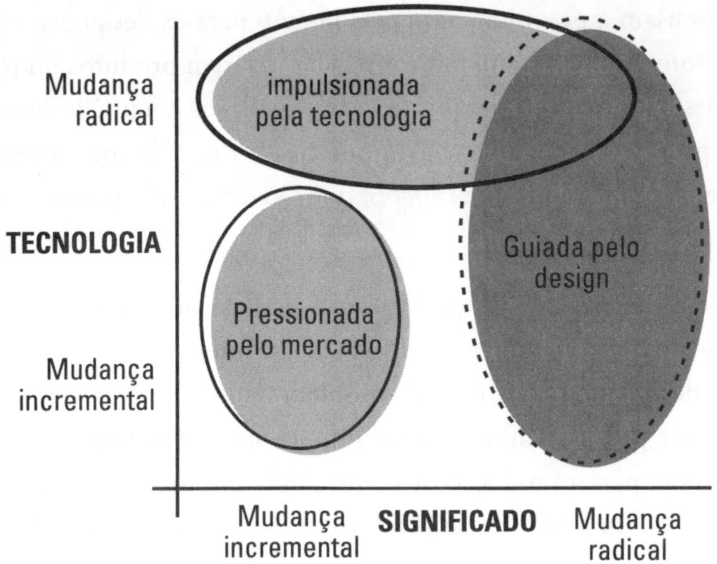

FIG. 1.4 – **Significado x Tecnologias (Verganti, 2009, p. 5).**

Verganti (2009) condena a pesquisas de mercado por considerar que estes não sabem o que querem. Ele cita Ernesto Gismondi: "Mercado? Que mercado? Nós não analisamos necessidades de mercado. Nós criamos propostas para pessoas" (GISMONDI, *apud* VERGANTI, 2009, p. 25). E ainda afirma que, caso um produto inovador seja avaliado por um *focus group*, as pessoas não encontrarão no produto seu significado, pois estão presas aos signos que já conhecem e têm familiaridade.

Porém, Verganti considera os processos tradicionais de pesquisa. A crítica do autor não se aprofunda sobre os novos métodos e técnicas utilizados atualmente. O autor cita somente a pesquisa de experimentação e teste, através de grupos focais. Se analisarmos o modo como empresas que estão se tornando referência em Design, como a IDEO, Continuum Innovation, Frog Design e outras, percebem a pesquisa, nota-se uma abordagem bem diferente em relação à que Verganti considera. Essas empresas usam a pesquisa para gerar *insights* para os designers, e em nenhum momento se solicita para as pessoas criarem produtos ou testarem inovações. Neste caso, a pesquisa é contextualizada em um ambiente para que se possa entender o que está por trás do uso de um determinado produto. A pesquisa produz *insights*, que são ótimas perguntas. Ideias são ótimas respostas.

Durante muito tempo prevaleceu o modelo de estímulo e resposta, como do método científico da Biologia, isolando uma variável. Ora, o modelo de pesquisa com o qual se obtêm dados sobre a preferência do consumidor por determinado produto, em meio a outros concorrentes, não colabora para a produção de conhecimento sobre as relações emocionais que levaram à escolha do produto. Este tipo de pesquisa identifica a preferência, mas não mostra a razão da escolha. É um meio científico e analítico mensurável, mas incapaz de desmanchar as teias de significados e as nuances da escolha de um ser humano.

Antes da Antropologia efetivamente entrar em cena, a ciência social dominante no meio do Design era a Psicologia cognitiva, em particular, a pesquisa em fatores humanos (NORMAN, 1998). Esse processo, apesar de interativo e de uso de técnicas similares, não parte de uma premissa inicial da Pesquisa Criativa, que é aprender com as pessoas. Na pesquisa de fatores humanos, estudam-se as pessoas. É uma diferença sutil, mas que deixa claro as diferentes abordagens em relação ao que é feito em cada processo.

É necessária uma abordagem capaz de compreender a complexidade de uma escolha, que ocorre por razões emocionais e cognitivas. A interpretação de significados requer uma abordagem qualitativa, pois estão envolvidos diversos fatores, que, combinados, levam a uma decisão de compra ou de uso.

Significados não são estáveis, pois são dependentes do tempo. Dependem do humor, do repertório de cada indivíduo e da vivência. Assim, encontramos duas variáveis nesse processo: o pensamento de cada indivíduo e a subjetividade da linguagem (ATKINSON, 1995).

Logo, os diferentes significados que envolvem cada ação humana, cada objeto e ambiente são infinitos, e quantitativamente indefinidos. Resta descrever detalhadamente as ações e analisá-las, o que compõe o esforço e o conhecimento etnográfico. O estudo de culturas é justamente a análise dessas variáveis, e não o mapeamento de tendências, pois é o estudo das ações sociais em nível mais profundo, em tempo real, o que constitui uma Etnografia.

Neste contexto, surge a Pesquisa Criativa, método que une processos de pesquisa etnográfica com Design, que ajuda empresas e empreendedores na implementação de seus projetos. Pretende-se auxiliar líderes criativos, interessados em resolver os problemas de organizações, produtos, serviços, ou descobrir novas alternativas para negócios e a própria sociedade.

2

Preparação da pesquisa

Eric Ries, em sua publicação *A start up enxuta*, enfatiza a tentativa e erro, e que a antecipação do erro é fundamental para o processo de aperfeiçoamento da empresa. Ele cria um termo, o MVP[1], para designar produtos em caráter experimental. Na sua concepção, o produto de uma empresa deve ser lançado rapidamente, mesmo que ainda não esteja completo. O empreendedor, então, recolhe o feedback dos usuários *early adopters*[2] e inicia um processo de melhoria contínua. Ries ressalta que a empresa deve se concentrar principalmente nas questões básicas de sua oferta e avalia diversos casos de implementação dessa metodologia, notoriamente o *DropBox*. No entanto, ainda fundamenta seus pensamentos ao redor de uma nova abordagem em relação a antigos métodos. Ele afirma que:

> O primeiro problema é a fascinação associada a um bom plano, a uma estratégia sólida e a uma pesquisa de mercado completa. Em épocas anteriores, essas coisas eram indicadores de um provável sucesso. A tentação de também aplicá-las às startups é irresistível, mas isso não funciona, pois as startups operam com muita incerteza. As startups ainda não sabem quem são seus clientes ou como devem ser seus produtos. À medida que o mundo fica mais incerto, é cada vez mais difícil prever o futuro. Os métodos antigos de administração não estão à altura da tarefa. (2012, p. 8)

---

[1] Mínimo Produto Viável.

[2] *Early adopters* se refere aos consumidores de uma determinada marca que adquirem um produto ou serviço antes dos demais. Costumam ser aficionados pela marca ou pelo produto, e querem estar sempre à frente das tendências de consumo.

A sinalização de que antigos processos devem ser revistos para startups se potencializa quando acompanhamos empresas implementando os princípios de startups em times de projetos. Algumas empresas estão transformando antigos times de projetos em pequenas empresas, dada a eficácia das ideias de Ries.

Assim, todo empreendedor inicia suas atividades com uma ideia para iniciar um negócio. Considerando que uma ideia é uma representação da realidade, o empreendedor tem uma representação de uma empresa que irá produzir algo para alguém. Parte-se de uma premissa, uma hipótese ou uma questão para se desenvolver um negócio. Nessa equação, há dois sujeitos fundamentais, o provedor da ideia (empreendedor) e o julgador da mesma (o cliente). Partindo do princípio de que todo indivíduo é único em seu repertório e, citando Drummond, *"Ninguém é igual a ninguém. Todo o ser humano é um estranho ímpar"*, pode-se afirmar que a ideia do empreendedor não necessariamente condiz com a ideia do cliente, a respeito do mesmo produto ou serviço.

Assim, mesmo com o desenvolvimento ágil, MVPs, SCRUMs e afins é fundamental que uma ideia seja compartilhada. O experimento de Ries é um esforço para ***significar*** uma oferta a fim de que ela faça sentido e seja desejada pelo cliente.

Para que o público possa entender o significado da oferta do empreendedor, é necessário que haja signos compartilhados entre as partes, e que a interpretação dos mesmos seja compartilhada. Por isso é necessário investigar não o mercado, mas as pessoas, as culturas. E para isso números não bastam.

PANORAMA SOBRE A METODOLOGIA

Existem muitos modelos que ajudam a compreender o processo de pesquisa e design. Na metodologia de *Design Thinking*, um modelo bastante usado é o duplo diamante (Fig. 2.1).

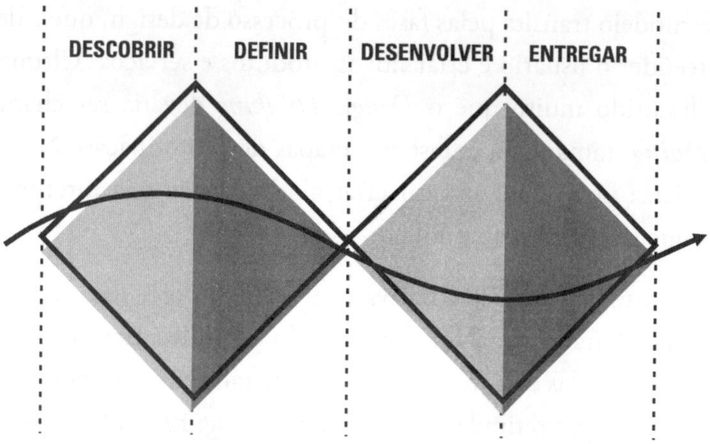

FIG. 2.1 – **Modelo de design do duplo diamante (fonte: design council, disponível em: www.designcouncil.org.uk).**

Esse modelo de design (Fig. 2.1) pode confundir os mais inexperientes, pois ilustra as etapas do processo através de linhas retas paralelas. Essa ilustração demonstra uma exatidão que não condiz com a realidade de projeto: as etapas não são tão estruturadas, pois é um processo holístico. Talvez a melhor estrutura para representar deva ser amórfica, como na Figura 2.2, que se adapta de acordo com a evolução do projeto.

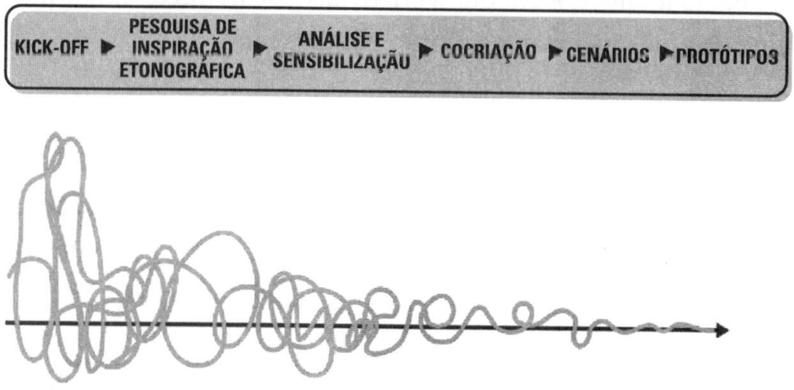

FIG. 2.2 – **Etapas da metodologia (adaptado de Sanders & Stappers, 2008, p. 3).**

Esse modelo transita pelas fases do processo de design, que é dedicado a compreender o usuário e criar novos produtos e serviços. Ultimamente, tem-se discutido muito que o *Design Thinking* deveria ser chamado de *Design* ***Doing***, tamanha a ênfase nas etapas de prototipação. No entanto, negligenciar a pesquisa é arriscar criar algo que não seja interpretado da maneira que se espera pelo público.

A proposta da Pesquisa Criativa é servir de suporte para o desenvolvimento ágil elaborado por Ries, favorecendo o conhecimento das interpretações simbólicas das culturas estudadas. Para tal, a metodologia aprofunda nas primeiras etapas retiradas do *Design Thinking*: Entender o problema > Reenquadrar o problema > Pesquisas > Análises > Geração de ideias .

Esse processo é criativo e analítico simultaneamente, e trabalha as duas metades do cérebro, dependendo da atividade que estiver sendo executada. Nas etapas de coleta de dados, por exemplo, funcionamos de modo racional, pois a observação e a interação com o público tem como objetivo coletar informação. Já na fase de geração de ideias e cocriação, atuamos com o hemisfério direito, pois é nossa porção criativa atuando.

Esse modelo de divisão cerebral é apenas ilustrativo e pode induzir a pensar que o ser humano "liga" e "desliga" suas metades cerebrais. Na verdade, ocorre uma predominância das atividades durante o processo de trabalho. Há momentos em que a criatividade se faz necessária, e momentos em que uma visão mais analítica é fundamental.

Briefing

O início de todo projeto parte de uma demanda. Empresas procuram a pesquisa para diversas situações: lançar um novo produto, avaliar uma marca, verificar respostas dos consumidores, entender a rejeição por uma oferta etc. Em todos os casos, a demanda se dá por meio de um briefing, documento onde se estipulam as regras e que contém as informações sobre a demanda do projeto.

Esse documento é um poderoso recurso para o pesquisador, pois contém toda a informação necessária para iniciar um trabalho. É um documento de apoio e de registro do que foi demandado, além de delimitar o escopo do projeto.

Um bom briefing contém:

Apresentação da empresa

Um breve descritivo do cliente: área de atuação, dados comerciais (telefone, endereço etc.), responsável pelo projeto, data e responsável.

Título da pesquisa

Frase e parágrafo que resumem o conteúdo do escopo de pesquisa.

Contexto

Qual o panorama atual e o que deu origem à demanda apresentada. Quais as ações que foram tomadas até o presente momento e quais os seus resultado. Por que a necessidade de executar esse projeto nesse momento? Quais os impactos esperados?

A questão

Qual a questão apresentada? Qual a dúvida que a pesquisa pretende responder?

Público-alvo

Qual é o mercado que está se buscando compreender? Toda informação sobre o público é importante, mesmo que sejam suposições. Qual a visão da empresa em relação ao seu público alvo? Quais locações pretende-se abordar?

Objetivos

O que a empresa espera de resultados com o trabalho de Pesquisa Criativa? Quais as expectativas e usos do resultado de projeto?

Justificativa

Por que esse projeto é importante? O que ele mudará na vida das pessoas?

Quadro de referência

Quais as marcas, produtos e serviços que o público considera competidores?

Ponto de diferenciação e Razões para crer

Qual a proposta de valor da empresa? No que ela se diferencia das outras e por que seu público deve acreditar nas suas afirmações?

Cronograma

Em quanto tempo está estimado o projeto? Quanto tempo até a implementação dos resultados?

Parâmetros norteadores

Quais resultados são esperados com esse projeto, e o que medirá seu sucesso?

Equipe de projeto

Quem são os integrantes da equipe de projeto e quais as suas funções? Quem será a interface com os pesquisadores e quem é responsável pela decisão final?

Barreiras

Quais serão os principais problemas a serem enfrentados durante o projeto? Existem normas que devem ser seguidas na condução do projeto? Existem licenças de acesso que devem ser passadas aos pesquisadores?

Mercado

Qual o posicionamento da empresa frente à concorrência? Quais as particularidades do mercado (Sazonalidade etc.)?

Entrega final

Qual o formato da entrega final?

Porém, por mais que as empresas se esforcem em entregar um briefing bem completo, algumas informações cruciais não são relatadas. Cabe ao pesquisador estudar o briefing e entregar um contra-briefing, contendo todas as questões relevantes que pedem algum tipo de esclarecimento. Em diversas situações o projeto está muito claro na cabeça do cliente, mas ao formalizar a informação, acaba deixando passar alguns pontos importantes, que só o especialista em pesquisa pode sinalizar. Essas idas e vindas do briefing podem parecer, em um primeiro momento, perda de tempo. Mas ao longo do projeto acaba-se reduzindo o tempo de trabalho somente pela clareza das informações.

Planejamento

Uma vez que o briefing e a proposta comercial estiverem aprovados, é hora de iniciar o planejamento de pesquisa. Uma forma eficiente de executar esse processo é dividir o projeto em etapas, de acordo com as entregas mais importantes do processo. Costuma-se estipular quatro fases de acordo com a metodologia apresentada anteriormente, portanto, estipula-se, pelo menos, um encontro em cada etapa, como na Figura 2.3.

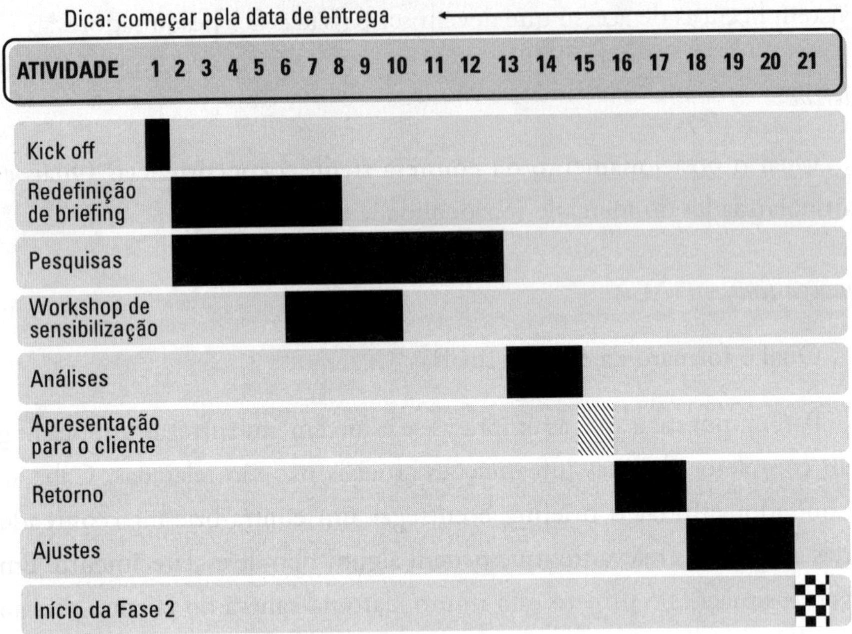

FIG. 2.3 – **Exemplo de cronograma de trabalho.**

A primeira entrega é o *kick off*, nome dado a uma reunião de formalização do início do trabalho que é o primeiro contato entre todos os stakeholders envolvidos no processo. A segunda entrega é o workshop de sensibilização, em que se transmite o resultado das pesquisas. Em uma etapa posterior, existem os encontros de cocriação e, finalmente, a entrega final.

Com base nesses marcos, pode-se estabelecer um cronograma.

Elaborando um cronograma de atividades

Com o briefing na mão, inicia-se o planejamento da pesquisa, onde define-se a equipe de trabalho, comumente composta por um time multidisciplinar contendo, por exemplo, antropólogos e designers. Essa equipe pode ser variável ao longo do projeto, e é necessário definir quando entra cada integrante do time no projeto.

As durações de cada etapa precisam ser definidas para garantir o prazo decidido com o cliente. Essa limitação é importante, pois os pesquisadores mais entusiastas sempre consideram insuficiente a quantidade de informação que coletam (ARAUJO, 2012).

Calcular o custo estimado para cada fase de pesquisa faz-se necessário para orçar o custo total do projeto, e assim saber quanto cobrar dos clientes para se obter uma margem de lucro satisfatória. Vale combinar de antemão se as despesas de deslocamento, por exemplo, serão custeadas pelo cliente ou pelo prestador de serviços. O cronograma pode ser montado de trás pra frente. Estima-se uma data da entrega final de cada fase e definem-se as etapas necessárias para a entrega. Por exemplo, imediatamente antes de realizar o *kick off*, é preciso ter o material do workshop, o roteiro de perguntas, o espaço alocado, a confirmação de agendamento de todos os participantes e a aprovação da proposta comercial.

É importante pensar que algumas atividades podem (e devem) ser tocadas em paralelo, se existir uma equipe de trabalho. No exemplo acima, uma pessoa pode alocar o espaço enquanto o resto do time cria o roteiro do workshop.

Sempre deixe algumas folgas no cronograma para imprevistos. Como trabalhamos com pessoas, elas podem não estar disponíveis na data que você estipulou. Portanto, seja flexível suficiente ao longo do projeto e atualize seu cronograma sempre que algum imprevisto surgir.

O cronograma ajuda a estipular a quantidade de trabalho que será necessária para a execução do projeto, podendo ser estimado antes mesmo da aprovação do projeto, para cálculo de propostas comerciais. Caso a sua empresa cobre por homem-hora, é necessário ser bem detalhista na execução do cronograma, e efetuar ajustes de acordo com o andamento do projeto. Neste caso, a alocação de recursos será decisiva para a lucratividade da empresa.

Caso seja um iniciante conduzindo seu primeiro projeto, é recomendável solicitar ajuda a profissionais mais experientes para a determinação da durabilidade das etapas, pois a experiência é decisiva nessas estimativas. Por exemplo, dois momentos críticos são o recrutamento de entrevistas que dependem das respostas das pessoas, e viagens, que não têm horários específicos preestabelecidos. Se você for pesquisar no eixo Rio-São Paulo é fácil se organizar, mas se tiver que realizar entrevistas no Sul e no Norte, irá demorar mais pela distância e pela dificuldade de se conseguir voos em horários adequados.

O *Kick Off*

O primeiro marco da interação com o cliente, após as trocas de briefing, é a reunião de *kick off*. Reunindo todo o time de projeto, os pesquisadores devem conduzir uma série de atividades a fim de extrair informação suficiente para iniciar o projeto. Esta primeira reunião deve ser presencial, para que todos se familiarizem como equipe.

Esta etapa consiste em receber o briefing do cliente e, junto com ele, repassar cada ponto referente à pesquisa, redefinindo assim seu escopo. Isso é particularmente necessário, pois o cliente nem sempre é um especialista em pesquisa. Assim, ele também pode não ser capaz de formular as perguntas certas, tampouco planejar e definir o escopo do projeto ou seu prazo.

É importante deixar claro durante o *kick off* o que vai ser feito pelos pesquisadores. O foco do trabalho é entender o usuário, e não o consumidor. Não serão realizados trabalhos quantitativos de análises de mercado, e o método será, na maior parte das vezes, qualitativo. O objetivo é entender comportamentos, as motivações e os raciocínios por trás das ações.

Em muitos casos, é o primeiro projeto de pesquisa conduzido pela equipe que se formou, seja pela inserção da equipe de pesquisadores, seja pelo ineditismo da configuração do time. Pode ser, inclusive, a primeira interação dessas pessoas como grupo de trabalho. Logo, ao organizar a reunião, deve-se pensar em quebrar o gelo inicial.

Existem várias formas de instigar a interação, e cada grupo reage diferente aos estímulos. Portanto, tenha sempre um plano B caso a dinâmica que você preparou não funcione muito bem.

Inicie a reunião expondo o objetivo do encontro e o seu tempo estimado. Não passe de duas horas, pois após esse tempo o grupo deixa de funcionar efetivamente e começa a se preocupar com as pendências do dia a dia. É comum notar esse sentimento quando começam a acessar os smartphones por debaixo da mesa. Deixar os objetivos e a duração claros ajuda a controlar o uso dos smartphones.

A dinâmica ideal varia conforme o perfil dos participantes. Algumas pessoas podem se sentir desconfortáveis caso a dinâmica seja mais física que mental. Outras só se soltam efetivamente após atividades mais intensas. Se você conseguir ter acesso ao perfil dos participantes poderá desenvolver a dinâmica com mais propriedade.

Alguns exemplos de dinâmicas para quebrar o gelo:

Respiração acorda

Todos os participantes tiram os sapatos e se sentam formando um círculo. Inicia-se a dinâmica com todos inspirando o ar pelo nariz, ao mesmo tempo que levantam os dois braços estendidos acima da cabeça. Na sequência, soltam o ar pelo nariz abaixando os braços com vigor. Devem repetir a respiração 10 vezes. É recomendável distribuir lenços de papel caso alguém esteja resfriado.

A fila

De olhos fechados, todos devem caminhar sem rumo pelo espaço da sala. Após alguns minutos devem parar e organizar uma fila por ordem de idade. Porém, metade do grupo não poderá falar e a outra metade não poderá abrir os olhos.

E se os porcos voassem...

O grupo é estimulado a pensar em como seriam as cidades e as dinâmicas urbanas se todos os pombos se tornassem porcos voadores. Devem pensar nos sistemas de esgoto, nas habitações, nos transportes, nos serviços públicos etc.

Fatos e fotos

Cada participante escreve três frases que descrevem sua personalidade. Essas frases são misturadas dentro de um recipiente. O mediador pega aleatoriamente uma frase e lê para o grupo, que tenta adivinhar de quem é a afirmação.

Sinta-se livre para adaptar ou criar dinâmicas que mais forem convenientes para os seus interlocutores. Tenha em mente que é um quebra-gelo, portanto, deve ser curto e divertido. Deve eliminar o estresse de conhecer pessoas pela primeira vez e tornar a condução das próximas etapas do *kick off* mais participativas.

Após esse aquecimento, é importante trazer alguma relação com o objetivo do projeto. Assim, iniciar o trabalho efetivamente. Uma forma eficaz de mapear e classificar as informações que estão na cabeça dos participantes é através de um diagrama de afinidades. O diagrama de afinidades é uma técnica adaptada do antropólogo japonês Kawakita Jiro. É uma ótima ferramenta para assimilar e entender grandes quantidades de informação, pois estabelece relações entre informações desconexas, descobrindo novas ligações entre os fatos e as percepções.

Entregue post-its para todos os participantes e peça para cada um contar a sua versão do que é o projeto. Enquanto uma pessoa fala, todos os outros devem anotar as palavras mais importantes do discurso. As palavras funcionam como um registro filtrado do conteúdo de cada interlocutor.

Após completar o ciclo no qual todos expuseram suas ideias, a equipe deve estender uma folha de papel pardo, ou qualquer outra de superfície grande, e agrupar as palavras nos post-its por similaridade. Essa similaridade pode ser de significado e estabelecida de acordo com os parâmetros criados pelo grupo. Não há certo nem errado aqui. Provavelmente muitas palavras estarão repetidas, pois foram anotadas por diferentes pessoas. Agrupe-as mesmo assim, sem sobrepor uma sobre a outra. Elas trarão a dimensão da importância do termo. Os participantes podem fazer livres associações, replicando uma palavra em diversos grupos. Incentive-os a falar sobre o que estão pensando e por que a associação entre uma palavra e outra foi feita. Não esqueça de filmar ou gravar o áudio da dinâmica.

Com uma folha cheia de post-its com palavras agrupadas, chega o momento de dar um título para cada grupamento. Cada título é, na verdade, um tema de pesquisa. O grupo deve refletir sobre cada tema, pois eles darão origem ao conteúdo do protocolo de pesquisa, documento que contém as questões a serem investigadas durante a pesquisa.

Não esqueça de fotografar ou registrar o papel pardo com os post-its. Será útil para criar o roteiro de pesquisa.

Após a conclusão dessa dinâmica, devemos ser capazes de responder a algumas questões como:

- O foco é aumentar vendas ou reduzir custos?
- O objetivo é uma inovação radical ou incremental?
- Quais as perspectivas no curto e no longo prazo?
- Existem soluções já pensadas e o quanto cada integrante conhece e entende a demanda do projeto?
- Qual o investimento estimado na solução?
- Quais as dificuldades que a equipe deve encontrar ao longo do caminho?

O *kick off* tem como objetivo alinhar as expectativas em relação ao projeto e à sua solução, assim como o tempo necessário, a complexidade e o investimento estimado. É fundamental encerrar essa reunião com a certeza que todos dividiram o seu conhecimento sobre o projeto e possuem a mesma expectativa sobre os resultados.

Entendendo o problema sob diferentes perspectivas

A reunião de *Kick Off* traz um mix de informação valioso para ter uma perspectiva maior do projeto. Porém, é necessário buscar um aprofundamento maior sobre determinadas questões. Dentro de uma empresa existem diversos pormenores que são evitados de serem debatidos em grupo. Os participantes do projeto negligenciam informações que consideram muito básicas ou pouco relevantes para dividir com o grupo.

Portanto, o pesquisador deve, após o *kick off*, agendar uma conversa com cada um dos integrantes, a fim de esclarecer melhor o escopo do trabalho. Isso deve ser feito anteriormente à ida a campo.

Para entender como funciona o negócio do seu cliente – e isso é fundamental para criar cenários que sejam possíveis –, é preciso mapear as capacidades de produção, os recursos humanos, o conhecimento da empresa etc.

O Processo de Pesquisa Criativa é o diagnóstico da integração entre empresa e usuários (Fig. 2.4).

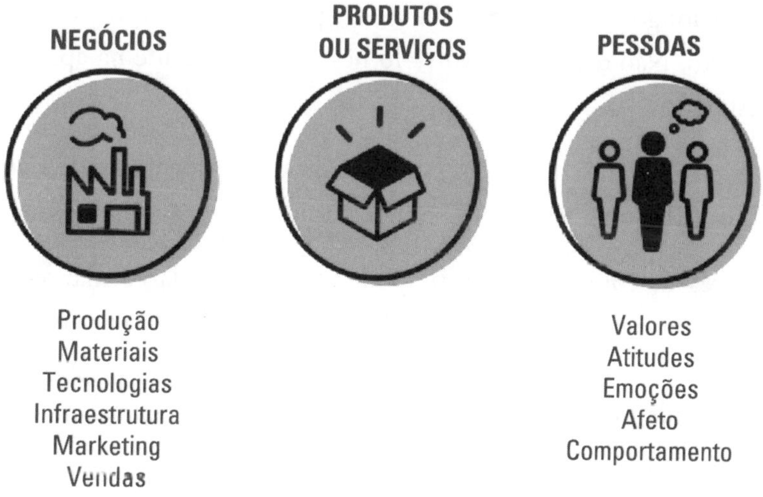

FIG. 2.4 – **Atores da Pesquisa Criativa.**

Na Figura 2.4 existem dois polos, empresa e clientes. Devemos começar por entender a empresa, para compreender a sua capacidade e seu DNA. Para entender a empresa, faça uma lista dos principais setores que serão impactados pela sua atividade. Lembre-se que você estará implementando inovações que compõem um sistema. Esse sistema envolve produtos, serviços e comunicação.

O departamento de marketing pode lhe oferecer casos de sucesso baseados em pesquisas anteriores, informações sobre pontos de venda, *trade*, e algumas características dos consumidores.

A área de engenharia, pesquisa & desenvolvimento pode lhe mostrar os parâmetros de funcionamento do produto ou do serviço e as capacidades técnicas.

O CEO ou o VP pode, mais do que todos, trazer um panorama sobre a visão de longo prazo da empresa, e uma perspectiva do que é esperado do seu projeto. Não deixe de envolvê-lo nessa etapa inicial e na apresentação dos resultados.

Os profissionais de vendas podem indicar a performance de vendas de produtos e dar uma visão sobre os consumidores.

A área de comunicação, que pode estar vinculada ao marketing, lhe dará informações sobre a marca e as linguagens usadas para a comunicação. Podem informar quais os pontos de contato mais efetivos e as diretrizes de marca de cada produto.

O pessoal do serviço de atendimento ao cliente também lhe trará informações sobre as reclamações dos mesmos a respeito dos principais defeitos do produto. Especialmente em serviços, os call centers concentram boa dose de queixas e insatisfações que podem ser valorosas informações de projeto.

Lembre-se, porém, que todo mundo terá uma opinião sobre o resultado do seu projeto. Não tome essas afirmações como certezas absolutas, afinal, existem diversas formas para solucionar um problema.

Durante a entrevista com os colaboradores do projeto, lembre-se de questionar:

- Qual o envolvimento do colaborador no projeto?
- O que ele fazia antes disso?
- O que, na visão dele, o produto ou serviço deve ser?
- Para quem se está desenvolvendo o produto/serviço?
- Quais as preocupações em relação ao projeto? Qual o pior cenário?
- O que esse projeto trará de benefícios para o negócio?
- Como definir o sucesso do projeto?
- Com quem mais a equipe deve conversar para extrair informações importantes?
- Como ele quer se envolver à medida que o projeto avança, e qual o melhor meio de entrar em contato?

Com os profissionais de marketing, questione:

- Quem são os consumidores de hoje, e quais serão daqui a 5 anos?
- Como essa pesquisa se encaixa na estratégia da empresa? Quem são os principais concorrentes e substitutos? Quais os principais diferenciais da empresa?
- Liste as principais qualidades da marca.
- Existe um *brandbook* para ser seguido?

Com os funcionários de P&D:

- Quais as tecnologias que estão sendo consideradas? Por que foram desenvolvidas?
- Quais as capacidades técnicas do time de engenheiros e quais as suas habilidades?
- Você pode desenhar como funciona o sistema.

Departamento de vendas:

- Qual o perfil do consumidor?
- Por que as pessoas preferem este produto ao invés dos concorrentes?
- Quais as principais razões para perda de vendas?
- Quais as principais queixas em relação ao produto/serviço?

O demandante do projeto:

- O que eu preciso saber que não foi comentado durante o *kick off*?
- Sabemos que prazo e resultado são dependentes. Se você tiver que optar por um, qual a sua decisão?

Essas perguntas são apenas exemplos genéricos, e devem ser adaptadas de acordo com o negócio do cliente. Antes de entrevistá-los, peça para levarem documentos, memorandos, apresentações que possam ajudar na construção da pesquisa.

Essa etapa é uma análise interna sobre o cliente, e ajuda a entender o que está sendo feito em relação ao problema, assim como o que foi realizado no passado e não deu certo. A investigação pode também trazer conexões inesperadas, pois é recorrente o problema de comunicação entre as áreas da empresa.

Para analisar as informações coletadas, recomenda-se a utilização da matriz SWOT[3]. Essa é uma ferramenta utilizada para fazer análise de cenário (ou análise de ambiente) como base para gestão e planejamento estratégico de uma corporação ou empresa, mas podendo ser utilizada para qualquer tipo de análise de cenário, desde a criação de um blog à gestão de uma multinacional (KOTLER, 2009). A Análise SWOT é um sistema simples para posicionar ou verificar a posição estratégica da empresa no ambiente em questão.

Composta de quatro quadrantes, ela se divide em:

Forças

- Quais as vantagens que a organização possui?
- O que a empresa faz melhor do que quaisquer outros?
- Quais recursos são únicos ou de mais baixo custo que a empresa pode oferecer que outros não podem?
- O que outros concorrentes no mercado veem como suas forças?
- Quais fatores o fazem "efetuar uma venda"? Qual a proposta de valor da empresa?
- Considere suas forças de uma perspectiva interna.
- Verifique suas forças do ponto de vista dos consumidores e das pessoas que compõem seu mercado.
- Seja realista – é fácil inventar coisas aqui! Se atenha às características da empresa.

---

[3] SWOT: *strenghts, weaknesses, opportunities, threats.* Forças, fraquezas oportunidades e ameaças.

- Pense nas forças em relação à concorrência. Se todo o segmento oferece design inovador, essa não é uma força da sua empresa.

Fraquezas

- O que poderia ser melhorado?
- O que poderia ser evitado?
- O que o público-alvo vê como fraqueza? Que fatores fazem a empresa perder vendas?
- O que as pessoas percebem como fraqueza que você não considera?
- O que os concorrentes estão fazendo melhor do que você?
- Seja realista!

Oportunidades

- Quais boas oportunidades a empresa focaliza?
- Quais tendências interessam à empresa?
- Boas oportunidades podem vir de:
    - Mudanças tecnológicas
    - Mudanças políticas
    - Mudanças de comportamento
    - Mudanças econômicas
- Reveja as suas forças e pergunte como elas podem trazer novas oportunidades.
- Reveja as fraquezas e veja como eliminá-las pode trazer novas oportunidades.

Ameaças

- Quais obstáculos a empresa encontra?
- O que os concorrentes estão fazendo?
- Existem standards de qualidade ou especificações para o produto ou serviço?
- Alguma mudança tecnológica ameaça sua posição?
- Existem problemas financeiros?
- Alguma de suas fraquezas pode ameaçar seriamente seu negócio?

FORÇAS	FRAQUEZAS
OPORTUNIDADES	AMEAÇAS

FIG. 2.5 – **Matriz SWOT.**

Para compor a matriz, é importante ser rigoroso com as informações e descrever com precisão: (lucratividade no uso de matéria-prima local de R$ 10/kg, em vez de matéria-prima mais barata).

Apesar de essa ser uma forma comum e amplamente utilizada em empresas, não se limite ao formato. Reflita sobre outras possibilidades de análise, e utilize em conjunto com outros diagnósticos.

Uma vez que os assuntos abordados estão de acordo com o cliente, e a informação interna já lhe foi passada, é o momento de decidir a tipologia de pesquisa. O método a ser utilizado deve ser selecionado de acordo com a natureza do objeto de pesquisa. A tabela a seguir (Fig. 2.6), adaptada de Goodwin (2009), ajuda a decidir o conjunto de métodos para a sua abordagem.

MÉTODO	INDICADO PARA	NÃO INDICADO PARA
Análise quantitativa	Mapear indicadores de vendas, performances comerciais e desempenho do produto/serviço.	Entender como deve ser o Design ou como as pessoas se comportam usando o produto/serviço.
Questionários	Entender o mercado demográfico.	Entender como deve ser o Design ou como as pessoas se comportam usando o produto/serviço.
Focus group	Respostas rápidas a uma questão. Reações de grupos e debates. Reações espontâneas iniciais.	Entender comportamentos e diferenças entre indivíduos.
Entrevistas individuais	Entender a forma de raciocínio de um indivíduo.	Entender profundamente o comportamento dos indivíduos.
Observação direta	Entender o usuário em relação ao seu meio.	Interpretar motivações, desejos e emoções ou como as pessoas pensam.
Observação participante	Entender como as pessoas se comportam em um ambiente e por que decidem pelas suas ações. É uma abordagem recomendada para a maior parte das pesquisas focadas em inovação.	Entender o as pessoas e o mercado demográfico.

FIG. 2.6 – Abordagens de pesquisa (adaptado de Goodwin, 2009).

Pesquisa Secundária Exploratória

Uma vez que você identificou todas as variáveis do cliente, é o momento de entender a outra metade do projeto: os usuários. Um ponto de partida para a definição de quem é esse usuário é explorar através de uma pesquisa secundária exploratória.

Mapear os concorrentes, explorar metáforas, entrevistar usuários extremos, considerar conotações da marca, examinar o contexto cultural, visitar fábricas e salões de vendas, observar processos de produção. Essas atividades comumente atribuídas ao processo de Design são, na verdade, fontes de informação para inspirar o processo criativo. Designers precisam interpretar o que veem (e sentem) de modo que os leve a soluções. Devem ser capazes de "fazer algo" a partir das suas observações, sejam estratégias, princípios ou conceitos relevantes ao briefing do projeto (SURI, 2006).

Todas essas atividades exploratórias servem para alimentar o universo de informação do designer, para que ele possa ter recursos para criar soluções satisfatórias ao problema projetual. Naturalmente, é nesta primeira etapa que a exploração é mais abrangente, e numa etapa posterior se aprofunda em temas que emergem como sendo mais relevantes para o projeto em questão.

As informações coletadas pelos pesquisadores são então classificadas, ordenadas e analisadas, dando origem a um protocolo para a imersão. As informações mapeadas auxiliam a traçar os perfis a serem verificados em profundidade.

Inicia-se um processo de pesquisa secundário, exploratório, que convém para embasar e dar um norte para a pesquisa em profundidade. Essa pesquisa consiste em buscar informação de fontes indiretas, como especialistas no assunto ou dissertações de mestrado e teses de doutorado sobre o tema pesquisado.

A pesquisa secundária é alimentada pela internet, livros, revistas, artigos, teses e dissertações. Buscam-se através da rede artigos e reportagens sobre situações análogas que ocorreram em outros países, por exemplo.

Nas primeiras saídas a campo, executa-se a pesquisa exploratória, onde o time de projeto se familiariza com o ambiente, observa o contexto e conversa de modo informal com o público-alvo. Espera-se nesta fase mapear perfis preliminares a serem abordados futuramente. No processo de seleção de interlocutores, pesquisadores buscam pessoas com perfis extremos, ou seja, pessoas com características distintas o suficiente para serem consideradas opostas. Usuários extremos são aqueles que se comportam de maneira divergente da maior parte do público e são interessantes, pois uma vez que uma solução atende às suas reivindicações, todos os usuários comuns também serão atendidos. Essa preferência por extremos se dá pela necessidade de estimular *insights*, pois o pensamento divergente dessas pessoas estimula soluções criativas.

Uma forma de documentar essa etapa é através do Mapa de empatia (Fig. 2.7), proposto pela empresa Xplane, conforme exemplificado por Ostewalder (2010). Dividido em quatro partes principais, o mapa ilustra o que a pessoa sente e pensa; o que ela enxerga; o que ela escuta; e o que ela fala e faz. Essa ferramenta é um filtro para estabelecer o perfil, ou os perfis, do público-alvo, aprofundando além das informações demográficas.

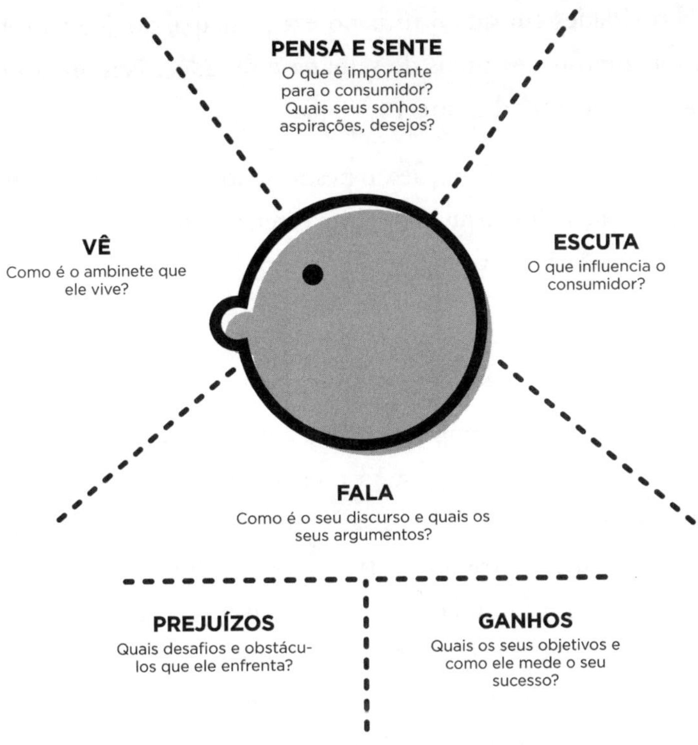

FIG. 2.7– **Mapa de empatia[4] proposto pela empresa X-Plane.**

Escreva suas observações de campo nesse mapa, e você será capaz de ter um panorama sobre seu público-alvo. Ele ajuda a segmentar e organizar as informações, colaborando para traçar características em comum, relacionadas às pessoas.

A pesquisa exploratória também auxilia o pesquisador a entender determinados termos culturais e o comportamento social do local. Ao realizar um projeto sobre energia elétrica, foram mapeadas diferenças regionais marcantes em um mesmo estado em relação ao consumo de energia, onde regiões de veraneio possuem consumo radicalmente diverso de regiões ur-

[4] Disponível em: http://www.innovationgames.com/resources/tools-and-templates/. Acesso em 02/01/2014.

banas. Nas cidades em que o turismo é a principal atividade, o consumo tende a ser intenso nos finais de semana e feriados. Nas áreas urbanas, o consumo se concentra durante a semana.

Em posse dessas informações, o pesquisador está capacitado para aprofundar os seus achados, através de uma interação mais densa nas emoções, desejos, anseios e comportamentos do seu público-alvo.

Recrutamento e Seleção

Após a exploração do público-alvo, a equipe vai conhecer melhor o seu público, mas ainda não estará preparada para focar as suas soluções no usuário com maestria. É necessário aprofundar o conhecimento para que inovações radicais possam ocorrer. Esse aprofundamento se dá através de entrevistas em profundidade, por exemplo. O recrutamento e a seleção de quem você irá entrevistar e interagir é uma etapa bastante importante de qualquer projeto. Esqueça recrutar seus amigos e parentes, ou mesmo conhecidos, pois eles não serão capazes de conversar com você sem o crivo que necessitamos. Eles buscarão "acertar" as respostas, comprometendo seus resultados.

É necessário, portanto, elaborar uma breve seleção, por meio de um pequeno questionário customizado. Ele deve conter as informações básicas, como gênero, idade, local onde mora e tipo de trabalho, assim como informações específicas de cada projeto. Por exemplo, ao criar um recrutamento para um novo produto cosmético, os participantes devem ter um mínimo de interesse com a aparência física e, inclusive, usar algum tipo de produto dessa natureza. Assim, asseguramos que a pessoa estará disposta a conversar por um longo período sobre o assunto.

Muitos iniciantes negligenciam essa etapa por acreditar que o público-alvo "sou eu mesmo". Como criou um produto para uso próprio, o empreendedor acredita que sua solução é tão boa que atenderá a uma ampla gama de outros interessados. Porém, a realidade é outra. As pessoas darão usos diferentes ao seu produto, pois interpretam o seu objeto de outras maneiras.

Para realizar o recrutamento de modo adequado, pode-se optar por uma agência recrutadora. No caso, você deve dar tempo suficiente para que a empresa localize as pessoas. Não é uma tarefa fácil, e apressá-los pode não lhe trazer bons resultados. Seja claro sobre o que não deve ser feito durante o recrutamento e o tipo de entrevistado que você não deseja. Para isso, crie um *screener*[5] claro e preciso (MALONE, 2011).

Peça aos recrutadores para que lhe enviem o status do recrutamento, com o nome e os dados das pessoas previamente angariadas. Isso ajuda a controlar o andamento e o seu cronograma, evitando imprevistos.

Conforme alertado, um meio bastante eficaz para realizar pesquisas de sucesso é recrutar usuários extremos, pessoas com muito interesse ou quase nenhum no assunto pesquisado. Comparar o comportamento de cada um pode trazer *insights* valiosos para a sua pesquisa. Em um projeto para um banco que desejava reformular seus caixas eletrônicos, entrevistou-se jovens superconectados que quase não utilizavam mais os terminais de autoatendimento (ATMs) e que realizam suas transações financeiras pela internet, e idosos que praticamente só utilizavam o caixa presencial. Apesar de ambos utilizarem pouco o ATM, sinalizando um comportamento similar, jovens e idosos tinham motivações diferentes em relação ao objeto.

A pesquisa do banco não mapeou somente o comportamento. Isso traria *insights* que não resultariam em inovação. Porém, ao investigar as motivações, a pesquisa mapeou símbolos ligados à forma e à usabilidade do ATM que influenciavam negativamente no uso dessas máquinas. Neste caso, o recrutamento de usuários extremos foi fundamental para a criação de uma interface mais atrativa para os ATMs da rede bancária.

[5] *Screener* é um termo que se utiliza para esse questionário de seleção de entrevistados.

Existe uma possibilidade de você se deparar com um "entrevistado profissional". São pessoas que costumam ganhar dinheiro fornecendo entrevistas para diversos recrutadores. Eles costumam tentar adivinhar qual o seu interesse e fornecer as respostas "certas". Com eles, você corre o mesmo risco de entrevistar parentes: deturpar as informações e validar somente o que eles intencionalmente manipulam para que seja o "correto". Para evitar esse tipo de entrevistado, o seu *screener* deve conter perguntas para as quais as respostas estão escondidas em uma lista. Malone (2011) exemplifica com uma pesquisa sobre redes de *fast food.* Interessado em saber informações específicas sobre o McDonalds, em vez de questionar o candidato à entrevista se ele costumava frequentar a lanchonete, ele listou diversos restaurantes e questionou quais o candidato havia frequentado recentemente. Deste modo, evitou que o entrevistado tentasse adivinhar o teor da sua pesquisa.

Outro ponto a ser considerado são os incentivos dados aos entrevistados. Existe a possibilidade dos participantes concederem a entrevista gratuitamente, mas se você selecioná-los através de empresas de recrutamento, será necessário um incentivo para a entrevista. O valor é variável de acordo com diversos fatores, como classe social, disponibilidade, horários, entre outros. Em uma pesquisa sobre o cartão de crédito mais exclusivo de uma empresa, optou-se pela oferta de um jantar em um requintado restaurante da região, em vez de uma quantia em dinheiro. O jantar representava mais status do que o valor em dinheiro, que poderia, inclusive, ser ofensivo para o público em questão.

Deve-se ter em mente, durante essa etapa de recrutamento, qual a sua abordagem de pesquisa. Em muitos casos, recorrer às entrevistas agendadas pode não ser produtivo. Em um projeto relacionado a transportes urbanos, os pesquisadores conseguiram interagir melhor vivenciando o sistema de transporte do que agendando entrevistas. No caso, as entrevistas foram realizadas durante as viagens, tornando as histórias contadas pelas pessoas mais fidedignas, pois puderam mostrar *in loco* o que acontecia no seu dia a dia. Neste caso, o recrutamento foi espontâneo e não teve a participação de uma empresa recrutadora.

Portanto, cada pesquisa deve ser cuidadosamente planejada antes de se abordar as pessoas a serem investigadas.

Equipamentos necessários

Qualquer lista de acessórios e equipamentos para pesquisas estaria desatualizada antes mesmo de ser publicada, dada a velocidade com que a tecnologia muda. Portanto, cada equipamento listado abaixo vem com a sua justificativa, para que o próprio pesquisador possa julgar se lhe será útil, e se compensa investir, ou se pode substituí-lo por outro que execute função similar.

Máquina fotográfica – É fundamental um registro fotográfico de qualidade. A fotografia é um recorte, um enquadramento de algo que observamos. Lembre-se que suas apresentações aos clientes precisam ser ilustradas, e nada melhor do que a imagem para explicar o seu argumento. Opte por uma câmera portátil, preferencialmente que caiba no seu bolso, para não pesar muito carregando de uma entrevista para outra.

Filmadora – Um item importante, caso você saiba ou tenha a intenção, é editar as entrevistas e exibir para o cliente como um documentário. Neste caso, você vai precisar de dois equipamentos, um para registro fotográfico e outro para filmes. Lembre-se do áudio, e invista em um microfone de qualidade. Um depoimento com áudio ruim dá uma impressão de baixa qualidade do trabalho.

Tripé – Se optar por vídeos, o tripé será fundamental. Evita que a imagem fique tremida, e melhora a qualidade do vídeo. Pode ser um incômodo, dependendo dos lugares por onde o pesquisador passar.

Gravador de áudio – Fundamental. Necessário para documentar as falas do seu entrevistado, e assim garantir que tudo o que ele disser estará registrado. Use-o mesmo que esteja filmando. A agilidade de mexer em um arquivo de áudio é muito maior que em arquivos de vídeo.

Celulares – Na época dos smartphones, podemos condensar todos os equipamentos em um. Porém, lembre-se de que ele tem limites bem específicos, como duração da bateria ou capacidade de memória. Use-o como *backup* dos seus outros equipamentos.

Baterias extras, cabos e cartões de memória – Não há nada pior do que perder um relato de campo por estar sem baterias, ou porque não há mais espaço de memória. E há inúmeros casos dessa natureza.

Caneta, lápis e bloco de notas – Todo pesquisador deve ter um bloco/caderno de notas. Nele, ele deve registrar todas as suas observações de campo. Essas observações não precisam ser somente escritas, pois desenhos ajudam a criar e a selecionar o que deve ser documentado. Opte por um caderno de notas portátil, mas não tão pequeno a ponto de que não caibam mais que algumas frases!

Laptop – Não é fundamental, mas ajuda para a documentação e organização posterior à entrevista. Modelos mais leves são os mais indicados para evitar dor nas costas.

Acordos – Sempre levar impresso os contratos de não divulgação e cessão de direito de imagem.

Relógio – Use um relógio para controlar o tempo, mas evite ao máximo olhar para ele, pois pode causar uma sensação ruim no entrevistado, de pressa para acabar, por exemplo.

Outros – Post-its costumam ajudar em jogos de palavras, *pilot*, prancheta e fita crepe sempre serão úteis. Um GPS ajuda a localizar endereços de encontro pré-agendados.

3

Pesquisa de campo

Imagine um café da manhã. Visser (2012) nos convida a imaginar essa experiência através da sua composição simbólica. Esse experimento é composto de diversos elementos mutáveis, como o humor da pessoa, o tempo, a pressa, os outros objetos à mesa, e diversos outros fatores. Para o Designer, o que vai alimentar as suas soluções de projeto são os *insights* capturados a partir dos achados encontrados nas experiências dos usuários. Por isso é fundamental compreender cada aspecto que compõe uma experiência.

Ao beber o primeiro gole de café, a pessoa pode ter uma reação espontânea, superficial e efêmera. O gosto amargo do líquido quente pode provocar um choque no corpo, causando um despertar através da cafeína. Por outro lado, o cheiro do café que percorre o ambiente significa o início do dia. Em algumas culturas, o café significa uma pausa, uma interrupção para um relaxamento breve.

Até mesmo o simples ato de beber uma xícara de café determina uma experiência única, individual. E pode ser radicalmente modificada pela memória ou pelas emoções.

Por exemplo, imagine o mesmo café da manhã. E exatamente no seu primeiro gole de café, na sua xícara favorita, você descobre que ganhou na loteria, ou que seu filho nasceu. Este mesmo café passará a ter um gosto muito mais doce, e possivelmente a sua xícara se tornará um objeto de sorte.

Na Pesquisa Criativa, não estamos interessados em criar xícaras de sorte. Estamos interessados em entender essas emoções para potencializar as experiências das pessoas, e assim entender como o significado de um objeto pode ser criado.

A pesquisa de campo é o grande momento no qual finalmente vamos a campo escutar as pessoas, interagir e colher *insights*. Nessa hora, exploramos atitudes, e principalmente, os significados por trás delas. Mais do que pesquisar, observar e interagir, vamos aprender com os usuários. Por isso, não vamos simplesmente questioná-los sobre o que desejam. Henry Ford já dizia: "Se eu perguntasse para as pessoas o que elas desejavam, elas me diriam cavalos mais rápidos". Essa sentença vai de encontro ao pensamento de Gismondi (*apud* Verganti, 2009, p. 23) e, portanto, devemos sempre lembrar que não devemos realizar a pesquisa com o intuito de validar uma ideia, mas sim explorar possibilidades.

A afirmação de Ford já é lugar-comum no meio dos negócios relacionados à inovação, e em alguns casos, justifica a ausência de pesquisa. Essa atitude pode ser muito arriscada, pois o objetivo da pesquisa não é obter respostas do público, mas inspirar pessoas a criar objetos e serviços que satisfaçam suas necessidades, surpreendendo o mercado.

Algumas considerações sobre Etnografia, pesquisas de mercado e Design

Sem maiores pretensões acadêmicas, existem algumas definições que são necessárias para debater e escrever sobre pessoas e grupos sociais. Não é o objetivo deste livro entrar em uma discussão filosófica acerca de temas amplamente estudados na academia. Portanto, será feito um recorte com algumas indicações de leituras complementares.

Leituras de dissertações e teses de doutorado são fundamentais para a compreensão dos mecanismos de pesquisa etnográficos. Mas ainda assim, nenhuma experiência estará completa sem a experimentação em campo.

Cultura é um termo amplamente discutido e revisado, e talvez seja a palavra mais controversa no círculo da Etnografia. Para o nosso contexto, não vamos aprofundar, pois a intenção não é redigir um tratado sobre a cultura de um determinado grupo social, mas inspirar profissionais a chegar a soluções inovadoras.

Encontram-se dissonâncias em relação à Etnografia e sua origem nas Ciências Sociais. As citações referentes à pesquisa etnográfica soam antagônicas e incoerentes ao serem envoltas por interpretações e estudos de diversas naturezas, caracterizado pela subjetividade e parcialidade ao entrar em outros universos, como no mundo corporativo dos negócios, na solução e resolução de problemas.

Em muitos casos, empresas realizam pesquisas qualitativas, e levam funcionários a campo com o intuito de fazer Etnografias. No entanto, este trabalho, quando executado sem a devida preparação, cuidado e dedicação, resulta em interpretações lineares dos fatos, que preenchem uma necessidade ou outra. Mas, se o que se busca com a Pesquisa Criativa "é uma inovação sustentável que possa promover uma mudança significativa e de longo prazo e que seja altamente relevante para as pessoas, portanto, é necessário um olhar mais profundo, menos óbvio, para inspirar e informar o pensamento" (SURI e HOWARD, 2006).

O mundo corporativo é veloz, denso, preciso. Repleto de números, exige agilidade junto a questões que são imediatas. Em contrapartida, trabalhos de Etnografia costumam durar meses, até anos de imersão, para que o pesquisador possa, enfim, relatar os resultados de sua jornada. São raros os empresários dispostos a contratar um projeto deste tipo, onde sua equipe imerge por um ano e retorna com um relato pessoal, oriundo de uma capacidade intuitiva, subjetiva e incapaz de ter a precisão dos números das pesquisas quantitativas, em que a fórmula matemática traz a conclusão precisa que tanto se busca.

Empresas buscam soluções, não análises. É exatamente nesta questão que a Pesquisa Criativa se configura como a principal ponte entre o conhecimento de culturas e o mundo corporativo. Por isso, faz uso de elementos de ambos, gerando ideias que coliguem os dois universos. Existem, no mundo, empresas que realizam projetos onde a Etnografia é utilizada como complemento da pesquisa em Design, através de uma exploração no universo cultural e atingindo resultados inovadores.

Muitas pesquisas que envolvem consumidores são experimentais e procuram isolar variáveis e analisar dados de modo comparativo, estruturado. Outros projetos costumam focar em público-alvo, termo que amplia os horizontes do consumo, mas em pesquisa de marketing o que é relevante são os fatos de consumo de produtos e serviços. Porém, na Etnografia, este método não se aplica, pois há uma teia de significados que não permite isolamentos uniformes, ou seja, o que um sistema de significados de um objeto compõe na mente de um indivíduo pode ter outra configuração para outro. A Etnografia se destina a entender de culturas, sistemas de signos, objetos, comportamentos que, isolados, não são interpretáveis.

A palavra cultura requer uma definição, um recorte do que se pretende com "entender culturas". As teias descritas no pensamento do antropólogo Max Weber, de "que o homem é um animal amarrado a teias de significados que ele mesmo teceu" (Weber, *apud* Geertz, 1989), são o que chamamos de cultura. Weber defendia olhar para as ideias, e assim, para os significados que atribuímos às coisas e para o papel das mudanças nas ideias que contribuem para a sociedade e para as mudanças sociais. Assim como Weber, Geertz ([1973]1989) afirma:

> O conceito de cultura que eu defendo é essencialmente semiótico. Acreditando, como Max Weber, que o homem é um animal

> amarrado a teias de significados que ele mesmo teceu, assumo a cultura como sendo estas teias e sua análise, portanto, não como uma ciência experimental em busca de leis, mas como uma ciência interpretativa, à procura do significado (p. 15).

Os emaranhados de significados conectados com símbolos e interpretações interligadas, tudo aquilo a que atribuímos uma representação, englobando as ações, valores, crenças e motivações, levam à conceituação de cultura como algo essencialmente semiótico.

Do mesmo modo, podemos pensar "Design como forma simbólica, aproximamos de sua conceituação a partir de um ponto de vista histórico. Somos levados a situá-lo no contexto do desenvolvimento da cultura humana" (BRAIDA, 2008).

Assim, Design e Etnografia caminham juntos, tanto na ligação que existe pela interdisciplinaridade quanto pela relação através da Semiótica que ocorre entre as disciplinas. Afinal, enquanto a Etnografia procura entender a cultura humana, o Design se destina a desenvolvê-la.

Hoje, com a proliferação das consultorias em *Design Thinking* e com o aumento progressivo de cursos de pós-graduação na área, que têm, pelo menos, uma disciplina de antropologia na grade curricular, é claro entender por que os designers estão buscando a Etnografia para desenvolver projetos. Mas, durante muito tempo, prevaleceu o modelo de estímulo e resposta, como do método científico da Biologia, isolando uma variável. Ora, o modelo de pesquisa onde obtêm-se dados sobre a preferência do consumidor por determinado produto em meio a outros concorrentes não colabora para a produção de conhecimento sobre as relações emocionais que levaram à escolha do produto. Este tipo de pesquisa identificou essa preferência, mas não a razão da escolha. É um meio científico e analítico mensurável, mas incapaz de desmanchar as teias de significados que Weber (1973) definiu.

Um exemplo de como as pesquisas que envolvem cultura são dependentes de variáveis em teias é a análise de uma reação espontânea como um sorriso. O ato de sorrir pode possuir diversos precedentes, como espontaneidade, ironia ou sarcasmo. Um sorriso pode ser aberto, mostrando todos os dentes, pode ser uma leve elevação e extensão do lábio superior, pode ser enigmático como o da Gioconda, ou amarelo, indicando embaraço. Cada sorriso representa um significado diferente.

Na Espanha, um projeto de Design contratou jogadores de futebol para a campanha publicitária de um banco. Na cidade de Madrid, o jogador em destaque na comunicação é o craque do time regional, o Real Madrid. Já em Barcelona, é outro jogador que está à frente da peça publicitária, no caso, um do clube Barcelona de futebol. Ambas são idênticas, mas cada jogador em destaque possui significados diferentes para madrilenos e catalães.

Logo, a teia de significados que envolve cada ação humana, cada objeto e ambiente é infinita, e quantitativamente indefinida. Resta descrever detalhadamente as ações e analisá-las, o que compõe o esforço e o conhecimento etnográfico. O estudo de culturas é justamente a análise dessas variáveis, e não o mapeamento de tendências, pois é o estudo das ações sociais em nível mais profundo, em tempo real, que compõe uma Etnografia.

Para que um trabalho de Etnografia ocorra, segundo Spradley (1979), são necessárias três fontes de informação fundamentais: o que as pessoas falam, como elas agem e o que elas usam. O'Grady (2006) demonstra, no entanto, conforme ilustrado na Figura 3.1, que a "verdade" encontrada através de uma Etnografia é fruto da triangulação de diferentes técnicas de coleta de informação. Essa triangulação é o processo de combinar diferentes métodos de pesquisa para examinar o mesmo tópico, e assim dar mais credibilidade aos resultados encontrados na pesquisa. Ao incorporar diferentes abordagens, o pesquisador supera as barreiras de desconfiança sobre a validação dos resultados. No quadro apresentado, referente a um tipo de Etnografia, o pesquisador escolheu realizar o cruzamento de três técnicas principais, a observação participante, a revisão bibliográfica e as entrevistas.

É importante ressaltar que o termo "verdade" é questionável, pois tanto o processo de coleta de informação aqui apresentado, quanto a avaliação da mesma, é qualitativo, e consequentemente, depende do repertório e da interpretação do pesquisador. Assim, não existe apenas uma verdade, pois essa depende sempre do ponto de vista de quem a interpreta. O que o autor pretende, quando utiliza esse termo, é dizer que a triangulação das informações permite uma conclusão (do ponto de vista do projetista), com um resultado que permite um relato sobre os signos culturais observados no grupo social.

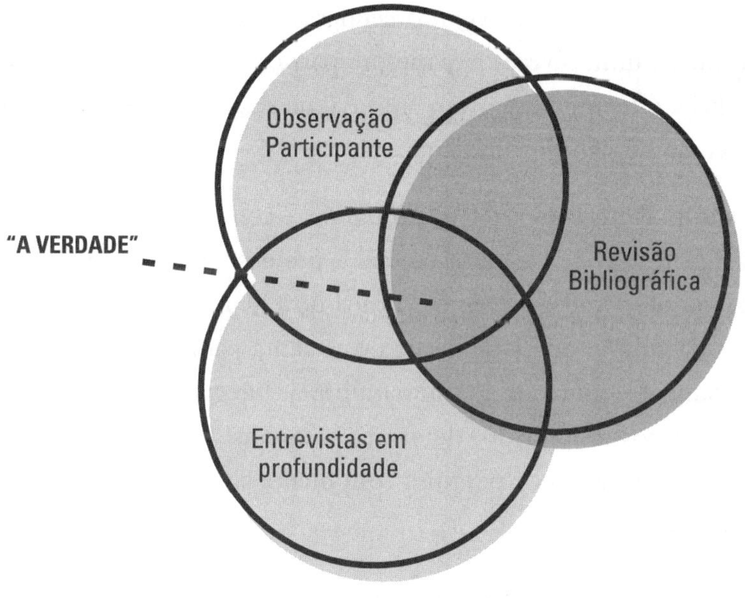

FIG. 3.1 – Combinação de técnicas etnográficas (O'Grady, 2006).

A Figura 3.1 mostra que a combinação de entrevistas, observação e revisão bibliográfica compõem o relato etnográfico, em que as informações obtidas, analisadas em conjunto, traduzem a cultura observada.

Os achados de pesquisa podem ser triangulados de diferentes maneiras dependendo da tipologia do projeto, cruzando fontes de informações diversas (Em outro exemplo, pode-se triangular revisão bibliográfica, testes com usuários e pesquisa de observação participante). Essa triangulação também deve ocorrer com os achados de múltiplos investigadores, participantes do time multidisciplinar que compõem uma equipe de projeto de Design Estratégico.

No processo de Pesquisa Criativa, não é suficiente observar comportamentos, como a maior parte das análises de comportamento do consumidor feita por profissionais de Marketing costuma efetuar. Para tal, deve-se mergulhar profundamente na teia de significados daquela cultura, dela tornando-se parte. É preciso compreender as ações, perguntando às pessoas o porquê, e muitas vezes, até mesmo participar da ação. A importância primordial é que um comportamento é uma ação, e o que se pretende é a compreensão de significados de tal ação.

Segundo Fetterman (2010), Etnografia é contar histórias, críveis e autênticas. Este tipo de pesquisa dá voz a pessoas em seus contextos, com uma sólida descrição de eventos. Fruto do olhar do pesquisador, utiliza as lentes da cultura observada, que documenta padrões de pensamento e comportamento humanos. Permite múltiplas interpretações da realidade e olhares distintos sobre dados de outras pesquisas. O profissional treinado adentra o seu universo de pesquisa com mente aberta para a compreensão de novas culturas.

Para esse tipo de pesquisa, é preciso fazer parte do contexto, entender e aprender como as dinâmicas sociais funcionam. Mapear os modelos mentais, que nada mais são do que a representação visual de teias de significado que um grupo social compartilha. É um processo complexo, que requer uma abertura por parte do pesquisador, e uma atitude de aprendiz ao longo do processo.

Primeiros passos em campo

Após esse breve relato sobre Etnografia, Design e pesquisas de mercado, deixamos claro que, se estamos em busca de criação e criatividade, a abordagem qualitativa que envolve entender significados é a mais indicada. Mas, quais os passos para realizar uma Pesquisa Criativa? Como não torná-la apenas um questionário de respostas prontas? Afinal, planejar e definir uma estratégia é bem diferente de executar. A *práxis* leva à qualidade na pesquisa.

Ainda assim, algumas atividades podem ajudá-lo a conduzir uma pesquisa de qualidade. O primeiro passo é organizar a sua pesquisa através de um protocolo de campo. Nele, você irá planejar as suas ações em campo.

Protocolo de campo

O protocolo de pesquisa é o documento que orienta a execução da mesma. Ele contém todos os assuntos a serem abordados e as técnicas investigativas a serem utilizadas .

Uma vez que as pessoas estejam selecionadas e recrutadas, deve-se criar a estrutura de entrevista. Na Figura 3.2 temos um exemplo de estrutura de entrevista. A figura tem a forma de um funil, pois é um meio eficaz de se abordar um entrevistado. O início de uma interação deve ser leve, abrangente e busca a aproximação entre duas pessoas. Conforme a evolução da conversa, pode-se aprofundar os temas.

FIG. 3.2 – **Estrutura de protocolos de pesquisa.**

A *apresentação inicial* é o seu cartão de visitas. Ela identifica quem é você e o que está fazendo. Neste momento, deve-se cumprir todas as etapas burocráticas, como assinar os acordos de não divulgação e de direito de imagem. Esses acordos são importantes para garantir que nenhuma informação sigilosa será compartilhada e que nenhum vídeo ou foto vai ser divulgado. Hoje, com a oferta de vídeos e fotos pela internet, é importante que esses acordos sejam cumpridos e assinados. Ligue todos os equipamentos necessários, como câmeras e gravadores.

O *aquecimento* é a fase onde quebra-se o gelo. Inicie afirmando que não há respostas certas, e que qualquer informação lhe será útil, mesmo que ele julgue desnecessária. Qualquer conversa entre desconhecidos passa por um momento inicial no qual não há intimidade ou assunto entre as partes. Logo, deve-se sair desse incômodo o mais rápido possível. Fale sobre a família, elogie a decoração, ache um assunto em comum que proporcione alguma intimidade entre vocês. Cuidados devem ser tomados, especialmente se a situação envolve assuntos delicados. O pesquisador deve ser sensível ao contexto do outro. Em um projeto de equipamentos médicos, o pesquisador estava entrevistando pacientes que necessitavam desses equipamentos para sobreviver. Um entrevistado estava no hospital havia anos, plugado no aparelho. Na ânsia de quebrar o gelo e criar alguma empatia, o pesquisador descuidado comentou sobre um assunto trivial, para a maioria de nós: o tempo. Ele havia se queixado da chuva que o surpreendera no caminho para o hospital. Falar sobre o tempo seria corriqueiro para qualquer um de nós: é a mais típica conversa de elevador. No entanto, uma pessoa em um leito de hospital não possui a mesma sensibilidade em relação às mudanças climáticas. O paciente, ao ser questionado sobre o tempo, respondeu que o que mais queria na vida era sentir as gotas de chuva tocando a sua pele novamente. Ao perceber a falta de sensibilidade que teve, o pesquisador, naturalmente, não conduziu a entrevista com naturalidade e não obteve os resultados desejados, pois criou-se um constrangimento entre entrevistado e entrevistador.

As etapas seguintes são caracterizadas pela coleta de informação, portanto, deve-se ter atenção ao tipo de pergunta a ser feita, utilizando-a de forma descritiva, estrutural, contrastante e de apoio. Essas formulações são criações de Spradley (1979), um pesquisador com ampla formação em Etnografia.

As perguntas descritivas servem para obter-se uma descrição de uma situação, ambiente ou emoção: *"Como é o seu escritório?"* ou *"Como você descreveria a sua sala?"*, *"Qual o passo a passo para fazer o check in?"*, *"Você poderia me mostrar como se faz?"*. Essas perguntas, aliadas à observação do pesquisador, e ao registro dos objetos que existem no ambiente, podem trazer uma descrição de um ambiente, pela percepção do entrevistado.

As perguntas estruturais são úteis para delimitar o universo dos signos culturais: *"Quais são todos os tipos de dietas que você conhece?"*, *"Quais são todos os alimentos permitidos na dieta mediterrânea?"*.

As perguntas de contraste são úteis para esclarecer determinadas dúvidas que o pesquisador eventualmente possa ter: *"Qual a diferença entre hidratante e loção corporal?"*, *"Você vê alguma diferença entre Marlboro e Marlboro light?"*.

Perguntas sobre o futuro ajudam a vislumbrar o mundo ideal, e o que pode e deve ser melhorado: *"Se eu voltasse daqui a 5 anos, o que seria diferente?"*, *"Se a experiência fosse perfeita, como seria?"*.

As perguntas de apoio servem para criar empatia: *"Esses meninos da foto são seus filhos?"*.

Essa estrutura pode variar muito de acordo com a natureza do projeto. Ao criar o protocolo com as perguntas e a sequência da entrevista, deve-se ter o cuidado de não ficar completamente preso por ele. A interação com o público deve ser natural, e o protocolo é apenas um suporte para a sua atuação. O protocolo é uma ferramenta de apoio que deve ser utilizada com parcimônia, pois o momento de interação entre as partes pode se tornar monótono ou superficial, caso o entrevistador siga à risca as perguntas contidas nele, deixando o fluxo da entrevista prejudicado. Imagine que o protocolo tem a mesma função de um script com os diálogos de um ator. O texto foi programado, mas cabe ao ator interpretá-lo e improvisar de acordo com o andamento da cena.

O momento da interação é muito importante e curto. Para tirar maior proveito dele, há modos de poupar tempo e tornar a interação mais participativa, evitando a fadiga do seu interlocutor. Por exemplo, enviar uma atividade preliminar. Esse "dever de casa" pode conter atividades lúdicas, como realizar uma colagem sobre o tema pesquisado ou preencher determinados pré-questionários com perguntas fundamentais, como os dados demográficos. Essa tarefa economiza momentos preciosos durante o encontro, auxiliando, inclusive, a quebrar o gelo. Você pode iniciar a conversa através dos exercícios, desde que estes sejam abrangentes. Em um projeto sobre sustentabilidade, os pesquisadores solicitaram que os participantes fizessem uma colagem sobre o que consideravam o meio ambiente. Foi surpreendente perceber que meio ambiente é sempre externo às suas residências, como um ótimo lugar para ser visitado. Não houve a percepção de que meio ambiente também é o espaço no qual estamos vivendo.

Outras atividades complementares são jogos de palavras e imagens, que podem ser utilizados durante a entrevista para evitar fadiga durante uma longa conversa. Essas atividades lúdicas estimulam a criatividade e, consequentemente, o uso de metáforas e associações nas respostas, auxiliando a interpretação dos dados.

No encerramento da entrevista, pergunte se o entrevistado deseja falar mais alguma coisa, ou se deixamos de cobrir algum assunto importante. Agradeça e entregue o incentivo, se houver.

Documentação

Logo no início da entrevista é importante ter um documento que estabeleça as regras da entrevista, assinado pelas partes. Esse documento clarifica os direitos e deveres do pesquisador e do pesquisado. Ele deve conter um acordo de consenso, onde as partes se sentem confortáveis para interromper a entrevista a qualquer momento; o valor do incentivo, e que não há relação de trabalho entre as partes; um acordo relacionado ao uso de imagem e vídeo e um acordo de não divulgação das informações tratadas.

Atitudes

A abordagem com o público-alvo é adotada como uma conversação a fim de se colher informações para o projeto. Porém, deve-se estar atento a não transformar a entrevista em um questionário sobre um produto/serviço/ marca. Deve-se conduzir a entrevista como uma conversa, na qual duas pessoas se conhecem e descobrem informações sobre um determinado assunto. Mesmo que o foco seja em um produto/serviço/marca, estamos interessados em descobrir a relação emocional que a pessoa tem com o segmento no qual o objeto de estudo pertence.

Essa interação é de natureza aberta: deve ser fluida e o pesquisador deve criar questões enquanto a entrevista desenrola. Não é uma relação hierárquica, pois estamos dispostos a aprender com nossos entrevistados. Portanto, por mais que um protocolo seja criado, é em campo que vamos descobrir e guiar as perguntas.

Toda relação deve ser feita em profundidade: deve explorar significados, nuances, aflorar temas obscuros e se aprofundar no problema. A conversa não deve ser trivial, superficial. Ela deve ser fluida, e não ser cronometrada. Há muitos relatos de entrevistadores que acabaram passando um dia inteiro junto com seu interlocutor, pois o caminhar da entrevista exigiu esse procedimento.

Métodos e técnicas

Existem diversas opções de abordagens para a pesquisa. Algumas visam ao registro, outras provocam uma melhor interação com o usuário. Porém, independente da técnica, é fundamental interagir com o seu interlocutor. Selecione uma combinação de ferramentas de acordo com a natureza do seu projeto. Há casos em que existe uma dificuldade em interagir diretamente com o usuário, pela temática do tema ou pela dificuldade de acesso ao público. Um grupo de pesquisadores encontrou dificuldades em conversar diretamente sobre sexualidade e preconceito e optou por entrevistas anônimas via internet. Isso permitiu uma liberdade maior da parte do entrevistado em expor a sua opinião sem ficar constrangido com a presença do pesquisador.

Fotografia

Durante a criação do seu protocolo, elabore uma lista de fotos fundamentais. Ela ajuda o pesquisador a organizar a sua pesquisa. Algumas fotos são importantes, como o retrato do entrevistado. Algumas pessoas usam fotografias como uma documentação temporal, além de imagética. Como as fotos são organizadas em sequência, opta-se por tirar uma foto bastante característica do local para marcar o início da entrevista. Essa foto pode ser um retrato, uma placa indicativa da região etc.

Composição: Não é uma regra, mas opte por fotos em paisagem. É mais fácil de incluir nas suas apresentações digitais. Busque preencher o quadro todo, e se você estiver fotografando uma pessoa, verifique se pode vê-la claramente dentro da moldura (HARMAN, 2013). Use a razão áurea para deixar suas fotos mais interessantes.

Retratos: Opte por uma lente teleobjetiva, para evitar o constrangimento de colocar a câmera muito próxima ao rosto da pessoa. Isso é causa de inibição, pois muitas pessoas não gostam de ser retratadas. Opte por colocar a pessoa em um contexto, para que sua foto conte uma história. O espaço ao redor de um rosto, por exemplo, pode contextualizar um argumento.

Externas: É necessário estar atento ao enquadramento. Para fotos documentando um ambiente externo deve-se usar, preferencialmente, uma grande angular, para capturar o contexto e a amplitude do espaço. Atente também para a iluminação natural, que pode atribuir um clima para a foto.

Internas: Nesses ambientes, a iluminação é precária e o ajuste de branco é fundamental. Uma boa câmera poderá adaptar o ISO para fotos com baixa luminosidade.

O uso do flash não é recomendado na maior parte dos casos, pois denuncia a fotografia. Ao disparar com o flash, o entrevistado percebe que o pesquisador direcionou sua atenção ao foco da fotografia, podendo influenciar em seus comentários.

Close ups: Muitas pessoas usam a fotografia como recorte do que é escopo do projeto, e isso já é um processo de análise. O uso de fotografias em macro valoriza a forma do objeto, e funciona muito bem para destacar algum aspecto formal ou significativo do objeto fotografado. Porém, cuidado para não deixar o objeto fora de contexto. Opte por diversas fotos do mesmo objeto.

Conte uma história: Pense sequencialmente e em escrever um documentário com imagens estáticas. Cubra todos os ângulos, fotografe em intervalos regulares. As expressões dos entrevistados serão importantes para destacar um ou outro elemento da história. Suas fotografias podem virar uma fotomontagem, tal qual uma história em quadrinhos.

Enquadramentos inusitados: É tentador realizar fotos expressivas, mas contenha-se. Lembre-se que estamos tentando transmitir uma informação. Em alguns casos, um ângulo inusitado pode valorizar o aspecto emocional do momento. Porém, deve-se pensar que as fotografias servem como uma forma de descrever o que foi visto. A interpretação dos resultados é realizada depois.

Com a capacidade de armazenamento cada vez maior, valem a tentativa e o erro. Não se trave e fotografe tudo que lhe chamar a atenção. Utilize sempre a resolução máxima permitida pela câmera, e invista em cartões de memória. Ao fotografar com máxima resolução, você ganha possibilidades na edição de imagens. Essa manipulação posterior será importante, uma vez que sempre descobrimos, durante a análise, coisas que não havíamos considerado. E, possivelmente, na edição de imagens poderemos resgatar a imagem que se ajusta ao assunto descoberto.

HOMEWORKS

Uma forma de poupar tempo de entrevista é encaminhar tarefas para serem executadas pelos entrevistados antes dos encontros. Essas tarefas podem ajudá-lo na quebra de gelo inicial e a evitar perguntas muito manjadas. Por exemplo, informações como Nome, Endereço, Profissão etc. podem estar contidas nesse dever de casa. Outras perguntas, como renda familiar, também devem estar nesse exercício, pois causam desconforto ao falar ao vivo.

Mas atenção: não considere a tarefa de casa como somente um questionário. Ela pode (e deve) ser customizada de acordo com o objetivo do projeto. Proponha a realização de colagens, documentação em diários etc. Em um projeto relacionado à sustentabilidade, a equipe propôs que os entrevistados ficassem 1 semana armazenando lixo em casa. Quando a equipe de pesquisa foi ao local, uma das primeiras atividades foi entender como as pessoas descartavam seu lixo. Essa ação foi muito esclarecedora para que a equipe descobrisse que as pessoas se confundem com as informações sobre reciclagem.

Na criação do *Homework* é importante pensar em qual informação espera-se coletar. E, mais importante, decifrar as criações das pessoas, que fatalmente irão interpretar o enunciado do exercício de diversas formas.

CULTURAL PROBES

Essa ferramenta é mais uma abordagem que necessariamente uma técnica, e o seu princípio é uma documentação independente e pessoal. É uma forma exploratória, na qual se busca entender a visão e as escolhas do usuário, dentro de todo o seu subjetivismo. Ela foi criada em 1999 por Bill Gaver, Tony Dunne e Elena Pacenti, e permite angariar informações sobre o usuário e seu ambiente que não são facilmente coletadas com observação e entrevistas.

Muito similar aos *Homeworks*, ela se diferencia pelo tempo e pela profundidade. No *Cultural Probes* montam-se verdadeiros kits contendo câmeras fotográficas, diários, mapas, e diversos tipos de ferramentas de documentação.

Um cuidado deve ser tomado, pois a embalagem e o acabamento do kit a ser enviado influem na receptividade do uso do mesmo. Portanto, inclua todas as atividades em uma embalagem encantadora.

Cuide para que sejam realizadas algumas atividades por dia, e que elas não demandem muito tempo. Oriente para que as tarefas mais fáceis sejam executadas primeiramente. Crie uma espécie de manual de instruções para uso do kit, e programe para que todo o exercício não demande um tempo de retorno muito grande.

As atividades devem permitir que o usuário expresse suas opiniões, e registrar o que pensa. Em uma pesquisa relacionada ao mercado imobiliário, os participantes receberam um caderno onde anexavam todas as propagandas, panfletos, recortes de jornais e qualquer material relacionado à procura de imóveis. Essa documentação era acompanhada de anotações dos mesmos sobre o que valorizavam nas comunicações.

Em outro exemplo, entregaram-se câmeras para documentar o dia a dia de uma família, e a sua relação com a alimentação. Cada membro da família recebeu uma câmera polaroid e, em cada momento relacionado à alimentação, pais e filhos tiravam fotos instantâneas e anotavam no verso o que estavam sentindo naquele momento. Essa iniciativa trouxe diversos olhares acerca da alimentação familiar.

Os resultados do *Cultural Probes* trazem informações subjetivas, sendo necessária uma interpretação de resultados. As informações coletadas serão autênticas e desprovidas de filtros. Essa subjetividade é importante para gerar *insights*, especialmente para alimentar projetos de inovação.

O *Cultural probes* deve ser parte de uma investigação mais profunda, sendo parte de uma estratégia de pesquisa, e não um exercício único. Todo processo de pesquisa é subjetivo e não pode ser replicado como uma fórmula matemática (O'GRADY, 2006).

Observação participante

O objetivo desse processo investigativo é entender a conexão entre comportamento e cultura. A observação participante é um processo sistemático de observação e documentação desse comportamento humano e fenômenos culturais questionando e interagindo com o grupo social pesquisado.

Segundo Moraes e Santa Rosa (2012), os pesquisadores acompanham, observam e vivenciam as atividades realizadas pelos usuários no próprio contexto de uso. Ela propicia ao pesquisador uma noção a respeito do ambiente físico, organizacional, sociocultural e econômico no qual o usuário está inserido.

Esse processo ajuda a entender atitudes e perspectivas de modo interativo. Permite ao pesquisador participar de rituais, eventos e interagir com o grupo. O pesquisador deve passar por um período de integração social a fim de evitar a influência no resultado e a espontaneidade do processo. A observação participante ajuda no aprendizado de características de linguagem e gírias, na representação dos papéis sociais, nas atividades sociais e nos artefatos utilizados pelo grupo social.

O procedimento permite alcances diversos de integração no grupo, de acordo com os escopos que o investigador estabelece para a pesquisa. Por suas particularidades, o resultado pode ser influenciado pelo apego ou afeto que pode ser estabelecido pelo pesquisador com o grupo social, visto que suas integrações são intensas.

A realização da observação participante tem muito em comum com o próprio ato de conhecer uma pessoa (SPRADLEY, 1979). No momento que conhecemos alguém pela primeira vez, sentimos um estranho desconforto e buscamos algo em comum, pontos de vista, e aos poucos nos habituamos com o outro.

A observação participante permite a interação e o engajamento do pesquisador no grupo social, além de permitir um aprendizado acerca de uma atividade.

Entrevistas: como os outros veem o mundo

Entrevistas em profundidade são uma poderosa ferramenta de investigação. Essa atividade requer um detalhamento especial, devido a sua importância. É um dos alicerces da Pesquisa Criativa, dada a sua eficácia e sua facilidade de uso. Como buscamos significados, a primeira atitude frente ao entrevistado é de aprendizado, pois estamos interessados em compreender a sua realidade.

Apesar de toda a preparação pré-entrevista, com a criação de protocolos de pesquisa e pesquisas secundárias[6], é somente frente a frente com o entrevistado que realmente coletamos informações. O ato da entrevista requer uma preparação completa, e se destina a dirigir uma conversação a fim de se colher informações relevantes. A entrevista é de natureza aberta: deve ser fluida e o pesquisador deve criar questões enquanto a entrevista se desenrola. Também é feita em profundidade: deve explorar significados, nuances, aflorar temas obscuros e se aprofundar na questão de pesquisa.

As atitudes do pesquisador quando face a face com o seu entrevistado determinam o sucesso ou o fracasso da entrevista. Por exemplo, ao iniciar

[6] Pesquisa secundária é um termo utilizado para designar processos investigativos através do olhar de outro pesquisador. Pesquisas em base de dados de artigos e revistas, teses de doutorado, dissertações de mestrado, blogs e afins fazem parte desse processo.

uma entrevista, lembre-se que lidamos com seres humanos. A cordialidade é sempre bem-vinda e um simples "Bom dia" pode marcar o início da entrevista. Como estamos buscando criar empatia no primeiro contato, devemos evitar perguntas diretas. Portanto, evite falar sobre o tema que está sendo pesquisado logo de início.

É importante evitar um propósito explícito, no começo e ao longo da entrevista, ser flexível para incluir e eliminar perguntas estabelecidas anteriormente. Quanto mais natural for a conversa, maior será a liberdade de explorar assuntos. Assim, evite repetições, e um linguajar em desalinho com o entrevistado. Em uma conversa informal não dizemos "*Por obséquio, você poderia clarificar o que me disse agora?*".

Esse processo é interativo, e permite a participação do entrevistador. Portanto, faça perguntas que favoreçam uma aproximação entre as partes. *"Como vai a família?", "Você que decorou o apartamento?", "Como foram as férias?".*

Criar empatia significa entender o outro. Significa se colocar no lugar do outro e compreender as suas preocupações, e as razões que o levaram a tomar uma atitude ou adotar um comportamento.

Demonstre interesse para que o participante explique melhor cada situação e momento que foi relevante para ele. *"Eu nunca fui a Paris, como é?".* Mesmo que você já tenha morado em Paris, deve interagir e demonstrar interesse. *"Sério? E como foi?".* Sorria, escute olhando nos olhos. O repertório cultural, a visão do outro e a forma como conta uma história podem surpreendê-lo.

Fale também. Conte histórias para que seja um diálogo, e não um monólogo. Esteja à vontade e disposto a interagir. Por isso, recomenda-se o uso de roupas confortáveis. Misture-se! Muitas vezes fazemos pesquisas em locais públicos. Em alguns casos, fazemos entrevistas em locais que exigem um *dress code*, como escritórios de advocacia. Vista-se de acordo com a ocasião, mas lembre-se: não use o logotipo da sua empresa.

Seja simpático. Sorria e acene com a cabeça em vez do "hum-hum". Observe a sua linguagem corporal para não sinalizar uma suposta resposta "certa". Muitas vezes reagimos corporalmente a uma afirmação que o outro faz, denunciando nossas intenções. Desligue o celular e qualquer equipamento que possa interferir na sua entrevista. Solicite que o participante faça o mesmo.

Não esqueça o material de pesquisa (protocolo, caderno de notas, gravador etc.), e evite se deixar levar por comprar todos os equipamentos de última geração. Conforme for executando entrevistas, você verá quais equipamentos lhe são mais convenientes.

Torne a entrevista pessoal, peça para ver fotos, comente a decoração, passeie pela casa do participante. Seja cordial e educado, e aceite a hospitalidade. Não recuse café, se isso for interessante para aproximar as partes. Mas decline o convite para jantar, se lhe soar abusivo. Como buscamos criar empatia, essa sensação pode ser confundida com outros sentimentos.

Atente à condição de saúde do entrevistado, incluindo fadiga, portanto, evite entrevistas muito tarde. O entrevistado não vai querer elaborar raciocínios mais complexos quando precisa acordar cedo no dia seguinte, por exemplo. Uma forma de contornar a fadiga de uma longa entrevista é intercalar exercícios e jogos com perguntas.

Reveja o mundano. Observar o óbvio traz conclusões surpreendentes em muitos casos. Portanto, pergunte, mesmo que você supostamente saiba a resposta. Busque reconhecer padrões e condutas que pareçam típicas. Registre também as situações e comportamentos que são inesperados.

Existem algumas técnicas para extrair mais informação durante uma conversa. Por exemplo, comentários indiretos são um modo objetivo de fazer com que alguém fale mais sobre determinado assunto. *"Eu notei que..."* ressalta o seu interesse por um determinado assunto, fazendo com que o entrevistado elabore mais sobre o assunto. O silêncio é outra ferramenta poderosa para estimular a pessoa a falar mais. As pessoas se sentem desconfortáveis com o silêncio e tendem a rompê-lo. Após uma pergunta, dê tempo para que o interlocutor possa refletir sobre uma resposta, construir um raciocínio. Entrevistadores novatos tendem a criar perguntas em cima de perguntas sem dar tempo para o pensamento e, fatalmente, direcionando a resposta. Portigal (2013) dá um exemplo interessante. O pesquisador novato questiona *"O que você comeu no café da manhã?"*, e mediante a demora e silêncio que se instala no local, subitamente complementa a pergunta com *"...foram torradas com café ou cereais?"*. Ao sugerir as respostas, o novato condiciona o entrevistado a responder uma das alternativas. Uma boa técnica é controlar a agonia do silêncio, e mesmo após a resposta do entrevistado permanecer em silêncio. Ele fatalmente irá elaborar melhor a resposta.

Outro recurso é repetir a última afirmação a fim de entendê-la por completo: *"Eu sempre uso uma faca para isso."* *"Uma faca?"* Essa afirmação também deve ser seguida do silêncio para ser eficiente.

Em alguns casos, podemos pedir para que a pessoa demonstre o uso de um produto, por exemplo. Essa ação ressalta a diferença entre o falar e o fazer. Ao executar uma ação, a pessoa acaba refletindo sobre o que está fazendo e explica com mais detalhes os seus movimentos. Durante uma entrevista sobre processos de lavagem de louça, descobrimos que nosso entrevistado raramente utilizava o produto ao solicitar que ele lavasse a sua louça. Durante a ação, ele demonstrava insegurança. A entrevista não foi totalmente perdida, pois a mãe do entrevistado, ao passar pela cozinha, se espantou ao ver o filho lavando louça. Diante da surpresa da mãe, os pesquisadores a convidaram para participar da entrevista e demonstrar como efetuava a tarefa. Foi possível notar a dinâmica da família em relação à atividade, e como a matriarca se mantinha responsável pela limpeza dos pratos.

Fazer assentimentos neutros *("sim, entendo...")* e evitar tons críticos também tornam a entrevista mais fácil. Evite, pois, concordar com aquilo que é "certo". O certo para você nem sempre é o que o usuário considera correto também. Lembre-se de que estamos entrando no universo do outro. Assim, pedir esclarecimentos sobre determinadas contradições *("Mas você me disse que junta 50 reais todo mês, e não tem conta em banco?")* ajuda a criar cenários e esclarecer situações mal explicadas. Muitas vezes, essas contradições acabam revelando para o próprio entrevistado suas inseguranças e atitudes não pensadas.

Pedir opiniões sobre determinados assuntos e comportamentos também contribui para que o analista possa traçar um perfil do entrevistado. Elucidar determinados termos *("Mas o que é 'virado no Jiraya'"?)* ou processos *("Como funciona mesmo a cobrança de energia?")* também colabora para trazer personalidade no seu relato.

Solicitar listas e preferências *("Que tipo de remédios você toma por dia?")* e a narração de experiências vividas contribui para traçar um quadro de referência do conhecimento do seu *target*.

Estude bem o material que você preparou: protocolo, screener, briefing etc. E não se esqueça de levar os materiais de apoio, como jogos de imagens. Eles tornam a entrevista menos tediosa. Jogos de palavras podem ser muito úteis, se combinados com perguntas contrastantes.

A sua postura deve lembrar o "olhar de uma criança", livre de preconceitos e prejulgamentos. Mais do que entender as pessoas, vamos aprender com elas, e, portanto, temos que enxergar com os olhos do nosso entrevistado. Não busque interpretar em um primeiro momento, e sim descrever o que está vendo.

Evite perguntas de resposta embutida como "*Você não fica com vergonha de não obedecer a sua dieta?*". Essas perguntas direcionam a resposta do entrevistado e influenciam no resultado da pesquisa. Evite também perguntas que conduzem a uma resposta que você deseja ouvir: "*Mas pela internet é muito mais fácil, você não acha?*".

Cuidado para não ignorar pistas de novos temas para ater-se ao roteiro. Novatos tendem a se preocupar em seguir todo o passo a passo do protocolo de pesquisa, e esquecem de interagir com o entrevistado. Assim, acabam redirecionando ou interrompendo histórias que ajudariam a gerar *insights*.

É importante ater-se aos sinais não verbais (raiva, tédio ou aborrecimento), tanto do entrevistado quanto do seu próprio corpo – sorriso, balançar a cabeça –, quando o entrevistado lhe deu uma resposta que confirma uma ideia sua.

Evite expressar opiniões (críticas depreciativas) que possam interferir na condução da entrevista. Tenha cuidado com a privacidade do outro. Opiniões divergentes são muito comuns e devem ser respeitadas. E evite ficar de olho nos equipamentos e no registro, em vez de olhar o seu entrevistado.

Ao terminar a entrevista, é fundamental refletir sobre o que foi dito e visto. Portanto, imediatamente após, procure um local para reunir a equipe e dividir os achados. Você deve anotar tudo, registrar em texto ou áudio as suas observações.

Lembre-se de registrar:

- O ambiente (descrever todos os detalhes materiais da residência, escola, da estação do trem, do hospital etc.).
- Dados do participante (idade, gênero etc.).

- Descrição do mesmo (o que ele vestia, o que usava. Em vez de "*um homem pobre*", descrever "*um homem que usava roupas rasgadas e sujas*").
- Ater-se ao tempo e à cronologia dos fatos.
- Descrever comportamentos e interações, evitando interpretações.
- Notar a linguagem corporal.

Não esquecer de colocar data, hora, local e nome dos entrevistados. É bem fácil confundir-se no registro de várias opiniões e fotos. Procure registrar expressões, trejeitos, gírias e frases de efeito, exatamente do jeito que foi dito. Tente registrar os eventos em sequência, e utilize fotografias para marcar os locais onde você esteve.

Jogos de palavras

Jogos de palavras funcionam muito bem para serem executados ao longo das entrevistas, pois podem interromper um assunto fatigante para uma atividade mais lúdica. O pesquisador entrega ao usuário uma série de palavras, que podem ser pré-selecionadas, ou anotadas durante a entrevista, e solicita que o usuário as organize do modo que julgar mais coerente.

O usuário agrupa e organiza de acordo com o seu modelo mental, e deve pensar em voz alta, relatando tudo que se passa na sua cabeça no momento das associações de palavras.

Um efeito desejado nessa técnica é transferir para as palavras a atenção. Desse modo, o usuário para de falar para o entrevistador e passa a falar para si mesmo, expondo seus pensamentos. Para executar essa atividade, utilize um tabuleiro em branco e organize as palavras em post-its, para evitar que se desloquem ou saiam do lugar durante a entrevista.

Jogos de imagens

Essa técnica é igual ao jogo de palavras, mas possui um caráter mais subjetivo ainda. Ao avaliar imagens, buscamos compreender a interpretação do usuário frente àquela imagem. Essa interpretação pode gerar reações adversas.

Durante um projeto sobre merendas escolares, a equipe decidiu mostrar um jogo de imagens de famílias bastante estereotipadas, como a Família Adams, Os Incríveis, Família Buscapé e outras. Buscando usuários extremos, as entrevistas foram conduzidas com as "novas famílias", ou seja, organizações familiares que não eram compostas por pai, mãe e filhos. Em uma das entrevistas, um pai havia passado por um divórcio conturbado e tinha pouco acesso a sua filha. Durante toda a entrevista, ele evitava expor suas emoções, tornando a entrevista improdutiva. Porém, ao ver o jogo de imagens, esse pai se identificou com a figura do peixe protagonista do filme *Procurando Nemo*. Com lágrimas nos olhos, disse que se identificava com um pai extremamente cauteloso e preocupado. O pouco tempo que tinha com ela era insuficiente para que ele pudesse transmitir seus valores para a filha.

Emocionados, os pesquisadores começaram a pensar de que maneira um produto como merenda escolar poderia ajudar esse pai a transmitir seus valores.

Shadowing

Esse processo consiste em acompanhar uma pessoa como uma sombra, seguindo seus passos ao longo de uma jornada. Procure reparar nas reações que o ambiente provoca no entrevistado: imagens, cheiros, sons, texturas e sabores. Cada manifestação dos sentidos pode levar a um *insight*. Observe não somente o que ele faz, mas o que deixa de fazer, e registre tudo por meio de fotos e vídeos. Recolha objetos usados ao longo da jornada.

O *shadowing* produz um material detalhado sobre o dia a dia da pessoa, e suas interações, dentro do seu contexto.

Para executar o *shadowing* com propriedade, é necessário documentar. Nessa documentação, mantenha sempre a pessoa enquadrada. Acompanhe para onde ela direciona a atenção, e qual a ação que está adotando. Deixe que o entrevistado oriente a sua filmagem, usando as mãos ou os olhos para mostrar alguma informação importante. Câmeras como a GoPro possuem uma grande angular e são compactas, ajudando a captação de imagens. Acessórios como suporte para prender a câmera ao corpo podem dar flexibilidade para o pesquisador, que não ficará com a atenção presa à técnica de filmagem.

Em um projeto de carrinho de sorvetes, o pesquisador acompanhou a jornada de um vendedor, a fim de entender as dificuldades encontradas para efetuar uma venda perante o calor do verão brasileiro. O vendedor andava, diariamente, mais de 15 quilômetros para chegar ao seu posto de trabalho, empurrando o carrinho. Naturalmente, com a fadiga, ele não se movimentava quando chegava no local, reduzindo as possibilidades de vendas. Além disso, os pesquisadores descobriram diversas técnicas adotadas pelos vendedores para conservar o frio no interior da caixa fria, que acabaram adotando para o projeto. O desafio que norteou a criação de um novo carrinho passou a ser a sua manobrabilidade e condução facilitada, priorizando aspectos ergonômicos do produto. A premissa partia de que, se o vendedor estivesse descansado ao chegar ao local de trabalho, ele estaria mais disposto a efetuar vendas e atender melhor ao público.

4

Análise

A coleta de informação através dos métodos apresentados no capítulo anterior pode gerar uma quantidade de informação muito volumosa. Se você executar 20 entrevistas em profundidade com média de duração de 2 horas, você terá 40 horas de dados para analisar. Isso é 1 semana de trabalho de um analista somente para ouvir novamente as entrevistas.

Além disso, lidar com a informação bruta é como comer farinha, açúcar, fermento, manteiga e fubá antes de serem transformados em um bolo. Uma boa análise transforma ingredientes brutos em algo mais digerível. Uma análise bem feita traz um entendimento do que foi visto e escutado, condensado em algo mais próximo da realidade do seu cliente. Há uma grande quantidade de técnicas para executar esse processo, e irá variar de acordo com as características do projeto. De modo geral, usam-se análises de dados qualitativos, apesar de que há relatos de Etnografias que puderam registrar dados quantitativos, dada a quantidade de informações e a permanência dos pesquisadores em campo.

Deve-se ter cautela, critério e cuidado na sua coleta, para que ela seja estrategicamente pensada para ser analisada. *Debriefings* – que são a documentação do que foi dito e observado durante a entrevista – após cada uma delas ajudam a reduzir esse tempo de análise. Uma reunião da equipe para documentar e registrar o que foi visto em campo é fundamental ao final de cada dia.

Existem muitas formas de se analisar informações de campo, e deve-se ter o cuidado de abordar não somente os depoimentos, mas também as ações, atitudes e objetos que são utilizados. A análise dos dados é como uma quebra das informações em pequenas peças que, ao serem reagrupadas, formam uma imagem. Nenhuma abordagem irá cobrir tudo, mas o objetivo na Pesquisa Criativa é gerar resultados, e, portanto, a fase de análise se desenvolve até que o grupo de projeto tenha material suficiente para alimentar a etapa criativa.

Revisão dos objetivos de projeto

Releia o briefing antes de começar a análise. Reveja as entrevistas que foram feitas com os *stakeholders* do projeto. Foque nos seus tópicos mais relevantes, e entenda as questões que o envolvem. Lidar com expectativas irreais pode dificultar o seu processo de trabalho.

Portanto, verifique:

- Quem representa melhor o consumidor/usuário do produto/serviço.
- O que é o produto/serviço? Qual a sua proposta de valor?
- Quando será implementado o projeto e quais as datas mais importantes do futuro do projeto?
- Quais os obstáculos mais significativos para o projeto?
- Quais os valores da marca, e como eles devem aparecer neste projeto?
- Qual o posicionamento da empresa e como é o cenário competitivo?
- Quais questões controversas apareceram durante a pesquisa, e como se deve abordá-las ao longo da entrega?
- Há expectativas irreais perante os integrantes do time de projeto?

Revisão de conteúdo

Codificar o conteúdo é uma forma bastante utilizada por antropólogos e cientistas sociais. Porém, em pesquisas menos profundas, é raro ver esse tipo de análise. O motivo é simples: demanda muito tempo e esforço. A forma tradicional envolve categorizar cada comportamento observado pelo entrevistado.

A quantidade de informação em um projeto acadêmico, por exemplo, pode se tornar difícil de manejar, e é comum o uso de softwares especiais para auxiliar. Em projetos que demandam um tempo mais curto, que envolvem menos quantidade de dados e menos categorias, pode-se usar apenas papel, caneta e post-its.

Para executar essa atividade, deve-se transcrever as entrevistas. Ao lado das afirmações mais relevantes, crie uma categoria. Para isso, pode-se usar post-its ou mesmo anotações manuais. É um trabalho intenso e longo, e requer um tempo de execução próximo ao gasto durante as entrevistas. Porém, é bastante eficiente.

As categorias geradas podem se repetir nas entrevistas, criando padrões. Certos times mais criativos optam por agrupar as informações de cada categoria nas paredes dos escritórios, facilitando a visualização por todos os integrantes. Assim, a equipe tem disponível visualmente as categorias, e as citações que levaram a essas categorias.

A etapa seguinte corresponde a uma taxionomia, no qual se pretende entender o modelo mental do entrevistado, que inclui o que ele respondeu em relação aos objetos, às suas definições, como ele vê as relações de valor. Rever as respostas dos jogos de palavras e imagens auxilia nesse processo. Uma analogia a esse processo é pensar em como a pessoa classificaria os objetos e as marcas dentro de uma estrutura de pastas de um computador.

Por exemplo, o entrevistado classificaria um iPad como um computador, um telefone, ou uma nova categoria?

Ao criar categorias, o profissional entende quais os fatores que determinam um tipo de comportamento em relação ao produto, serviço ou marca em questão. O resultado dessas categorias pode estimular a transformação delas em outras, através da criação de novas abordagens de interação do cliente com o usuário. Para simplificar e auxiliar esse processo, pode-se utilizar um gráfico "espinha de peixe", de acordo com a Figura 4.1. Nele, colocamos a questão central de projeto no extremo, e ao longo da cauda, incluímos "costelas" que representam as principais categorias mapeadas durante a revisão do conteúdo. Então, abaixo de cada categoria, determinam-se as causas que levaram à inclusão daquela categoria. É uma forma de visualizar melhor o conteúdo analisado.

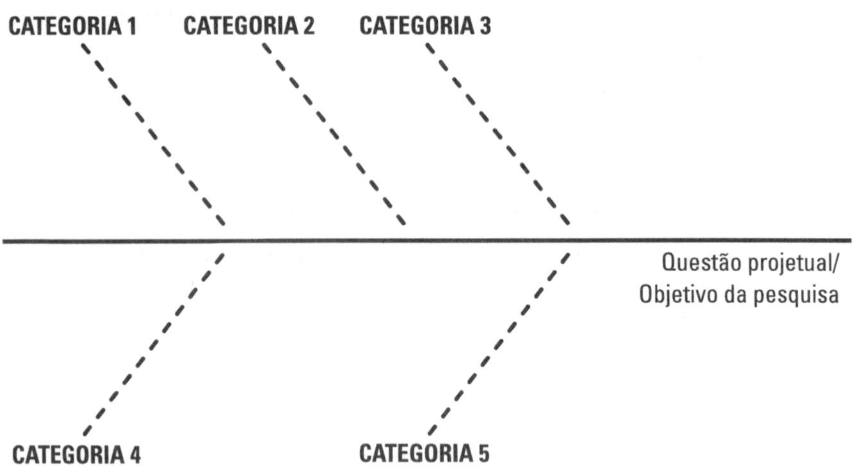

FIG. 4.1 – "Espinha de peixe" para determinar as categorias e causas da questão projetual.

Diagrama de afinidades

Essa ferramenta versátil ajuda também na análise de informação. Ao associar palavras, textos, relatos, frases e imagens, obtém-se um grande painel com as informações. Uma forma eficiente de se criar um diagrama dessa natureza é separar uma parede do seu escritório para usar como suporte do seu diagrama. Certamente você já viu, em filmes policiais, os detetives em frente a uma parede com informações, pistas e fotos resolvendo um caso. É o mesmo procedimento, pois a visão do todo ajuda a criar conexões entre as partes.

Nessa parede, cole todas as informações de campo. Citações, fotografias, achados, *insights*, produtos, materiais de comunicação e todo material que a equipe dispuser. Agrupe esse material em conjuntos de informações que façam sentido estarem juntas.

Procure não criar muitos subgrupos, pois devemos exercitar o poder de síntese.

A equipe multidisciplinar potencializa esse processo, pois traz diversos pontos de vista acerca de uma mesma situação. Enquanto um antropólogo relata as relações humanas, um designer pode observar mais atentamente sobre a dinâmica da usabilidade, ou o relacionamento com um objeto. Ambas as percepções são corretas e juntas podem inspirar ideias diferentes.

É muito confortável analisar por pouco tempo devido aos prazos de projeto, mas isso torna a análise rasa e superficial. Dedique tempo para maturar as ideias. Em um primeiro momento, apenas reúna as ideias, e depois comece a estabelecer conexões entre elas.

Exercite escrever, como texto, os seus achados. Lembre-se das aulas de redação do colégio e disserte sobre o seu projeto, segundo seus achados de campo. Essa atividade ajuda a registrar o pensamento e seguir adiante, conectando novos *insights*. Pense nessa atividade como um resumo do seu processo até o momento.

Peça para todos os integrantes do seu time realizarem a mesma atividade. Posteriormente, em conjunto, leia todos os textos em voz alta. Durante a leitura, comecem a elaborar questões, *insights* que possam se transformar em questões que estimulem a etapa criativa.

Personas

Uma forma eficaz de dividir seus achados com os clientes é através de personas, que são arquétipos de grupos sociais. Para construir personas, deve-se representar, "estereotipadamente", o grupo social pesquisado. Essa representação deve ser verbal e visual, através de ilustrações ou fotomontagens, e textos.

Tente representar as frustrações relatadas durante as entrevistas, suas habilidades e capacidades. Relate os seus sentimentos, atitudes e aspirações. Descreva o ambiente no qual a persona está presente e como ela interage com os outros, com os produtos e com os serviços.

Não há necessidade de se prender apenas a uma persona. Dependendo da complexidade do projeto, pode-se criar diversas possibilidades.

Em um projeto global sobre sustentabilidade, essa ferramenta foi utilizada para simplificar e ilustrar o comportamento das pessoas diante de suas escolhas de produtos e serviços em relação ao ambiente. Após diversas entrevistas em três continentes diferentes, os pesquisadores conceberam 13 personas. Ainda com um número excessivo, resolveram agrupá-las em apenas 3 grupos. Resumidamente, cada persona apresentava um padrão de comportamento em relação ao meio ambiente: os que têm as suas opiniões já definidas e formadas; os em processo de formação de opinião, e, portanto, são influenciados por diversos agentes; e os que estão totalmente off-line. Essa ferramenta ajudou os pesquisadores a desenvolver uma abordagem comunicacional para ajudar as pessoas a fazerem escolhas mais justas com o ambiente, de acordo com o seu perfil.

Blueprint

Outro documento importante é o *blueprint*, ou mapa de serviços. Essa ferramenta ajuda a entender como o usuário se comporta ao longo da experiência de uso de um serviço. As dinâmicas de *shadowing*, por exemplo, podem ser analisadas através do *blueprint*.

Para Bitner (2008), o *blueprint* é uma representação visual que retrata o sistema do serviço para que as pessoas nele envolvidas entendam e lidem com ele de forma objetiva, independentemente de seus papéis ou de seus pontos de vista individuais.

Nesse caso, utilizam-se o tempo e a sequência dos acontecimentos como elemento principal da análise. A equipe deve criar uma sequência de ações do usuário como elemento-chave da ferramenta. A partir dessa espinha dorsal, deve-se incluir as interações que ocorrem, seja com pessoas, seja com objetos/pontos de contato.

O *blueprint* deve ser desenhado como um mapa (Fig. 4.2). Desenhe um fluxograma horizontal com as ações do usuário. Em cima, inclua desenhos ou palavras que representem os pontos de contato (evidências físicas) do usuário com a marca/produto. Na linha de baixo, sinalize as interações que esse usuário realiza com os funcionários e prestadores de serviços. Você pode incluir, mais embaixo, um novo eixo, com as ações que a empresa adota que não são visíveis para o usuário.

Blueprint							
Pontos de contato	website telefone	estacionamento fachada	Carrinho de bagagens uniforme	balcão papelaria chaves	elevadores corredores	menu	–
Ações do consumidor	efetuar a reserva	chegar no hotel	entrega as bagagens	check in	ir para o quarto	solicita jantar	–
Ações dos funcionários			recebe as bagagens	registra o cliente			–
Ações de Backstage	efetuar a reserva para o hóspede				entregar as malas no quarto	anota pedido	–
Sistemas de suporte	cadastro no sistema de reservas			cadastra o cliente no banco de reservas		prepara a refeição	–

FIG. 4.2 – Exemplo de um *blueprint* de hotel (Bitner, 2008).

Existem duas formas de ler um *blueprint*:

- *Leitura horizontal* – conhecer a experiência do cliente.
- *Leitura vertical* – compreender a integração dos diversos elementos do processo de serviço.

Essa ferramenta é útil para a criação de uma plataforma de inovação, identificando os papéis e as interdependências entre funções, pessoas e organizações.

Também pode ser usada como documentação para a transferência e o armazenamento de inovações e conhecimentos sobre o serviço. Nela, pode-se incluir a sugestão dos pontos críticos para mensuração e feedback no processo de serviço. E, principalmente, é útil para compreensão da experiência ideal do cliente.

Mapas Mentais

São usados para representar os achados de campo em torno de um contexto específico. Normalmente, coloca-se a questão central do projeto no centro e acrescentam-se informações ao seu redor. Isso ajuda a visualizar, estruturar e classificar *insights*, através do mapeamento de padrões.

O mapa mental é usado para simplificar grandes quantidades de informação que são coletadas por pesquisa. Sua vantagem é que pode ser construído colaborativamente, incluindo até mesmo o cliente no processo, e assim, usá-lo para gerar critérios para novos produtos/serviços que serão criados na fase seguinte.

Essa ferramenta é bastante eficiente para reconhecer padrões e não deve ser usada de forma analítica e calculada. Permita-se, ao utilizá-la, ser criativo e pensar em associações livres. Essa "desorientação" inicial tem um propósito: substituir o pensamento de que existe uma resposta para a questão central, para o pensamento de que existem diversas respostas para a mesma pergunta. É uma ferramenta exploratória, para incentivar o lado criativo dos pesquisadores.

Ela deve ser usada para quebrar a linearidade dos fatos. Assim, novas conexões podem surgir, fomentando a criatividade.

Para realizar um mapa mental, documente, simplificadamente, em post-its as suas informações, valendo-se de *quotes*, fotos, frases, desenhos etc. Cole-as em uma folha grande ou em uma parede. Lembre-se de que a questão central do assunto pesquisado deve estar no meio.

Durante esse processo, faça associações, correlacione os fatos, encontre padrões. Essas conexões levarão a bons *insights*.

O conjunto dessas técnicas traz mais consistência para a sua análise. Pesquise e estude diversos meios de lidar com os dados de campo, a fim de ampliar a sua capacidade de análise. O conjunto de técnicas é mais indicado do que o uso de uma ferramenta apenas.

DESCREVENDO OS FATOS OBSERVADOS EM CAMPO

O seu relato pode adotar diversos formatos. De um modo geral, recomendamos relembrar as lições de redação do colégio e seguir uma estrutura dissertativa, com introdução do tema, argumentação e conclusão. Porém, outras abordagens podem ser utilizadas:

- Realista: busca-se a neutralidade do relator. Disserta-se sobre o que foi observado e analisado.
- Confessional: o autor é central e seu ponto de vista é a base do relato.
- Impressionista: uso de diálogos, descrição de personagens, estrutura narrativa com flashback, uso de metáforas etc.

Lembre-se de quem vai ler:

É fundamental criar uma introdução ao tema e descrição do que vai ser o tema principal do relato. Caracterize e contextualize a cena. Descreva as atividades executadas e o ambiente no qual aconteceram. Evolua o texto acerca das emoções, contextos, nuances de relacionamento social etc. Inclua a análise de padrões socioculturais coerentes da comunidade ou do grupo social. E conclua incluindo resumo dos principais pontos e as contribuições que seu projeto pode dar para o futuro.

O relato a ser apresentado ao cliente deve sensibilizá-lo. Há formas criativas de se transmitir essa informação. É fundamental que o cliente interaja com a informação, a fim de internalizá-la e absorvê-la. Muitas pesquisas se tornam lindos relatórios no fundo da gaveta ou excelentes apresentações digitais perdidas nos servidores das empresas.

Visual ou textual?

Ambos! A visualização da informação se refere ao uso de imagens, e deve ir além da fotografia. Adota-se o conceito de pensamento visual, muito utilizado pelos designers. É uma linguagem gráfica complementar ao textual, desobstruindo partes do cérebro para pensar além do verbal.

Portanto, intercale o seu relato com imagens, infográficos e potencialize as histórias. Torne o texto vivo e cative o leitor. Lembre-se de que o seu trabalho vai circular dentro da empresa, e muitas pessoas não terão tempo para ler o relato todo. Conte a história com imagens, resuma os pontos mais relevantes através de gráficos. Um CEO não tem tempo de ler um relatório de 100 páginas de pesquisa, mas certamente irá folhear um trabalho bem executado visualmente.

As imagens poderão tornar as informações menos complexas e resumir os aspectos mais importantes. Além disso, imagens despertam mais emoções do que palavras sozinhas. As imagens ajudam a tangibilizar e criar uma atmosfera para o seu relato, contextualizando-o.

Não há necessidade de criar imagens complexas ou complicadas. Não estamos querendo obras de arte, mas sim informações. Essas imagens, em conjunto, reduzirão o risco do seu trabalho ser interpretado de um modo diferente do seu objetivo. Suas imagens devem ser simples, usando cores de modo significativo.

Evite imagens preconcebidas, como *cliparts* e bancos de imagens. Eles pasteurizam a sua apresentação. Não há credibilidade quando se usa uma imagem de família loira, com olhos azuis, ao redor de um lago congelado quando pretende-se representar uma família brasileira residente em Teresina. Fuja dos efeitos e filtros de imagens. Não estamos buscando fotografias e imagens produzidas em estúdio, mas sim retratos reais do que foi visto em campo. Muitas vezes, o rudimentar pode trazer mais credibilidade. O uso de algumas imagens metafóricas pode ajudar o relato a ser melhor compreendido.

Workshop de sensibilização

As informações obtidas anteriormente podem ser facilmente transmitidas através de uma apresentação de slides, ou impressas em um documento encadernado. Porém, essa prática corre o risco de acabar em uma gaveta ou em um diretório virtual. O fundamental de uma pesquisa é ser absorvida e levar a *insights* que resultem em ideias.

É muito comum empresas realizarem pesquisas, entenderem melhor seus clientes, e simplesmente não utilizarem essa informação para criar novos produtos e serviços mais conectados com as necessidades, desejos e aspirações do seu público.

Uma forma de driblar esse revés é trabalhar junto com o cliente para que *insights* se tornem ideias a serem implementadas. Assim, um workshop pode ser uma forma bastante eficaz de o cliente absorver o conteúdo apresentado.

Existem diversas abordagens para criar um workshop de sensibilização. Mas deve-se obedecer a uma sequência de trabalho. O workshop pode ter três momentos-chave. No primeiro, o cliente deve ter contato com os achados de campo, depois, deve internalizar e refletir sobre as informações apresentadas, e por último, gerar *insights*.

Evite sessões longas, pois se tornarão cansativas. Os participantes estarão lidando com muita informação nova e levará tempo para absorver o conteúdo. O workshop deve ser uma ferramenta para provocar *insights*, e não somente expor conteúdo. Fuja das longas apresentações de slides e intercale conteúdo expositivo com atividades dinâmicas. O workshop deve ser um convite ao cliente para que participe da análise e contribua com o projeto. É um meio colaborativo de se gerar mais conhecimento para o projeto.

5

Cocriação

Criar é uma habilidade do ser humano. Mas, assim como qualquer outra aptidão, requer esforço e prática. Dadas as condições adequadas, certamente a produção de ideias poderá ser realizada por qualquer indivíduo.

Criação representa um estágio generativo que depende dos resultados de pesquisa. Eles irão nortear o desenvolvimento de ideias para a direção certa. A etapa de pesquisa é amplamente analítica, relatando os acontecidos em campo e descrevendo o que foi observado/sentido/analisado para o cliente. Na etapa de cocriação, a realidade dá espaço aos sonhos.

Nessa etapa, é permitido sonhar, imaginar, vislumbrar sem limites. O objetivo é gerar a maior quantidade de possibilidades diferentes de soluções. Ao contrário das ciências exatas, acreditamos na variação de resultados. Como lidamos com seres humanos, imprevisíveis, criativos e dotados experiências diferentes, esperam-se atitudes e comportamentos diferentes frente a um novo produto ou serviço. Na matemática, o resultado de uma equação será sempre o mesmo. Quando tratamos de seres humanos, não podemos esperar o mesmo resultado para um mesmo estímulo. O processo da Pesquisa Criativa percorre etapas analíticas e etapas criativas, unindo dois universos para a geração de resultados focados no ser humano (Fig. 5.1).

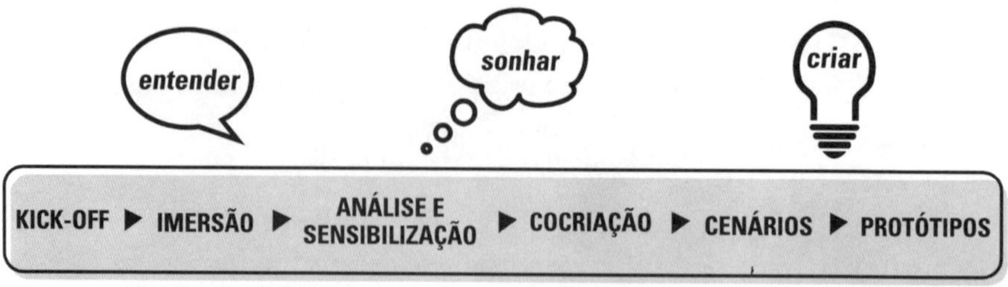

FIG. 5.1 – **Processo de Pesquisa.**

Assim, estudar o ser humano ajuda a inspirar soluções, justamente pela variedade. Essa abordagem não busca evitar erros, mas explorar a maior quantidade de possibilidades para decidir qual conceito é mais produtivo para o seu público (STICKDORN, 2011).

Existem diversas regras para estimular o processo criativo, e muitas envolvem atitudes dos participantes em relação à atividade. Na empresa IDEO, Kelley (2001) propôs que regras fossem escritas nas paredes da sala destinada à geração de ideias. São elas:

- Uma conversa de cada vez.
- Opte pela Quantidade. Quanto mais ideias, melhor.
- Crie sobre a ideia dos outros.
- Encoraje ideias malucas.
- Seja visual.
- Mantenha o foco no assunto proposto.
- Não faça crítica nem julgamentos.

Essas regras podem ser complementadas, e é importante refletir sobre cada uma delas. Muitas sessões de *brainstorm* são arruinadas, ou se tornam superficiais mesmo seguindo esses princípios.

Hunt (2013) propõe alguns argumentos complementares às regras de Kelley, como o fator pessoas. É importante e determinante para que sessões criativas possam sair do lugar-comum e serem generativas de resultados fora da caixa, que os participantes adotem uma atitude positiva. **Cerque-se de pessoas positivas.** A atitude positiva ajuda a evitar críticas e entender que a criação é parte de um processo de inovação, e não o seu fim.

Outro fator importante e frequentemente ignorado é a rotina. Pessoas tendem a criar rotinas e a repetir *cases* de sucesso. **Não se prenda a hábitos.** O que deu certo no passado não necessariamente irá dar certo no presente. As situações mudam, as pessoas mudam, e consequentemente a sua reação às soluções propostas. As propagandas de cigarro nos anos 1950 jamais funcionariam nos dias de hoje! Portanto, proponha coisas novas, saia da rotina, evite criar uma rotina para o seu processo de criação.

Um fator importante para sessões criativas de sucesso é o local onde é realizada. **O ambiente influencia na geração de ideias. Saia do escritório!** Reflita: Qual foi a última grande ideia que você teve na frente do computador? Caso a sua empresa tenha uma sala dedicada a *brainstorm,* customize-a de modo a torná-la completamente diferente de uma sala de reunião tradicional a cada reunião. Em um projeto sobre detergentes, a equipe criou uma gôndola de produtos onde posicionou todos os concorrentes, exatamente como em um supermercado. As dinâmicas criativas foram muito mais produtivas e interativas com a ambientação de supermercado, afinal, simulava aquele espaço e as ideias fluíam através das cores dos detergentes.

As ideias germinam, e precisam de gente para cuidar. Uma ideia é intangível, e pode surgir em qualquer lugar. A ideia, por si, não é nada e um conceito de um novo produto/serviço/marca ainda não é uma inovação. Já uma ideia materializada, construída e elaborada é muito próxima do que pode ser implementado como inovação. Para isso, ela precisa ser pensada, sofisticada e considerar seus impactos para todos os *stakeholders* envolvidos. Portanto, ideias precisam de padrinhos, pessoas que irão cuidar e avançar com elas até que se tornem inovações. **Um passo de cada vez, ideias precisam de maturação.** Uma ideia nova, surpreendente, tende a causar incômodo nas pessoas. Isso acontece porque temos um incômodo natural com o que é diferente. Imagine que você está organizando um jantar comemorativo para toda a sua família na sua casa, e está comprando uma torta para a sobremesa. Você tem duas escolhas: a torta de chocolate que você já provou diversas vezes e sempre é um sucesso ou um lançamento, a torta de damascos com lichia, que você nunca provou. Aliás, você nem sabe o que é lichia! Você trocaria o certo pelo duvidoso? Esse exemplo mostra a nossa resistência com o novo, e a necessidade de um processo mais demorado para nos acostumarmos com a ideia de uma torta tão diferente no jantar.

Uma armadilha comum nas sessões criativas é recorrer frequentemente a dados de pesquisa. **Informação não é uma ideia.** A informação é fundamental para guiar e inspirar, mas são ideias que buscamos nesse processo. Evite que suas sessões criativas se tornem um resumo das pesquisas de campo. Isso já foi feito durante a análise. **Tenha cuidado com os dados quantitativos.** Lembre-se de que se Shakespeare criasse o romance *Romeu e Julieta* com base em probabilidades conduzidas por pesquisa de mercado, jamais terminaria a história de forma trágica. Dados mercadológicos são úteis para outro tipo de atividades.

Abrace a diferença. De pessoas, de ambientes, de ideias. A diversidade traz resultados surpreendentes. Em um projeto para um novo relógio de pulso, conduzido por uma equipe multidisciplinar e multicultural, as sessões criativas passaram por situações muito particulares, que ajudaram a elaborar o conceito do produto. O grupo de projeto era composto por dois brasileiros, uma colombiana, uma sérvia e uma indiana, e realizava o projeto via *Politecnico di Milano*, em um curso de Master. As primeiras sessões criativas foram traumáticas por conta da indiana, que insistia em chegar – muito – atrasada nos encontros. Inconformados, a equipe decidiu confrontá-la e tentar entender a razão dos atrasos. Ela se justificava por se guiar por uma outra forma de medir o tempo. Para ela, a manhã só começava após a sua sessão de meditação, que poderia durar duas ou cinco horas.

No início, os ocidentais não conseguiam compreender essa atitude. Porém, ela seguiu explicando que somos controlados pelo tempo medido pelas horas, mas que devíamos ser guiados pelo tempo do nosso corpo. Acordamos de mau humor, por que, então, lutar contra isso? Por que lutar contra o sono após o almoço, se podemos ser mais produtivos em outro horário? Após esses argumentos, a equipe estava convencida de que as sessões de criação deveriam ser em um horário comum e agradável a todos, e que o nosso projeto de relógio de pulso não deveria ser guiado pelo tempo cronometrado, mas sim pelas sensações que nosso corpo manifesta. A empresa contratante considerou a ideia completamente inusitada e que ela deveria servir de guia para o desenvolvimento de novos produtos.

Porém, nem mesmo as melhores ideias conseguem disfarçar um produto ruim. Hunt (2013) afirma que é como passar **maquiagem em um porco**! Não dá pra melhorar algo muito ruim somente com maquiagem e uma nova roupagem. O melhor projeto de *branding*, por exemplo, não se sustenta se o produto/serviço for ruim. O melhor a se fazer nestes casos é ajudar o cliente a melhorar seu produto antes de retrabalhar a marca.

Seguindo o mesmo raciocínio, a empresa pode ter o melhor produto, mas se a roupagem estiver ruim, ele fatalmente estará sujeito ao fracasso.

Ninguém compra um *bouquet* de rosas... BEGE! As ideias precisam ser expansivas, determinadas e iluminadas. Nenhuma ideia sobrevive se não for envolta em entusiasmo.

Entra a burocracia, saem as ideias. Algo muito comum é a burocratização das ideias. Pensar na sua aplicabilidade antes mesmo da ideia se formar. Sessões de criação são arruinadas quando um participante começa a enumerar os procedimentos no qual a ideia deverá passar até ser implementada. Nestes casos, é interessante criar em cima das burocracias apresentadas. Por exemplo, se o engenheiro da equipe disser que o produto não passará nos testes de queda, proponha uma sessão de *brainstorm* para gerar ideias relacionadas a como aumentar a resistência do produto. Ou ainda, que produtos podem ser criados para que não seja necessário realizar testes de queda.

Hierarquias podem acabar com boas ideias. **Se há hierarquia na sala de criação, uma opinião sempre prevalecerá.** Não estamos sugerindo para que os chefes não participem, mas a sessão de criação deve permitir que todos participem de modo igualitário, pois somos todos iguais perante uma ideia nova. Não importa a sua origem, mas sim a sua implementação.

Caso a equipe esteja paralisada, ocupada em resolver os problemas do dia a dia e sem tempo para uma sessão criativa, proponha uma vivência. Leve-os para **vivenciar as experiências**. A equipe se sentirá estimulada em sair do escritório por um breve período e viver algo diferente de suas rotinas. Em um projeto sobre transportes urbanos, as sessões criativas ocorreram dentro desses transportes, com o time de projeto imerso na experiência. Opte por sessões criativas similares, caso a vivência seja complicada. Se estiver realizando um projeto relacionado a experiências em aeroportos, tente criar em aeroportos, rodoviárias, estações de trem, teleféricos, cruzeiros e todos os transportes que puder experimentar. As vivências diferentes podem trazer ideias inusitadas para o seu projeto.

Criativos gostam de compartilhar suas obras com colegas de trabalho. Isso é saudável e produtivo, pois podem evoluir suas ideias. Uma equipe de Design dedica uma parte do seu tempo a acompanhar o trabalho de outros designers, por exemplo. **Ideias novas podem ser adaptações de outras.** Veja o exemplo no vídeo *Everything is a Remix*[7]. O documentário mostra diferentes sequências de filmes, músicas e outras obras criativas como cópias adaptadas de outros clássicos. A famosa abertura do filme *Guerra nas estrelas,* com os textos subindo em perspectiva, não é inédita. Antes do "em uma galáxia distante...", as letras subiam da mesma forma em um filme do Flash Gordon.

O *feedback* de uma ideia não pode se resumir à opinião do seu colega. Ele não é o público-alvo da sua pesquisa, e não responderá de maneira similar às pessoas para as quais você está fazendo o projeto. **É sobre as pessoas, não sobre designers, pesquisadores e administradores.** Portanto, dê prioridade ao feedback de pessoas que representem o seu público, em vez de seus colegas de trabalho e, até mesmo, seu chefe.

Em resumo, para organizar sessões criativas, dê prioridade a:

1. Pessoas: grupos pequenos e diversos.
2. Desafio: briefing bem definido.
3. Pensamento: positivo e sem críticas.
4. Empatia: conexão com o público-alvo.
5. Inspiração: *insights* de campo e de pesquisas.
6. Estímulos diversos: ambiente, referências, pessoas.
7. Facilitador: uma pessoa que coordena a dinâmica.

---

[7] Disponível em: http://vimeo.com/19447662. Acessado em 25/04/2013.

8. *Follow up*: Para onde foi o tempo gasto na sessão?

A geração de ideias pode ser estimulada de diversas formas, através de muitas técnicas. Pense na melhor abordagem de acordo com a flexibilidade do seu time de projeto.

Moodboards

São painéis semânticos compostos por colagens de imagens, textos, formas, cores e tudo o mais que puder estar relacionado com o projeto. Esse aglomerado de imagens deve refletir a essência do projeto. É uma forma intermediária de materialização dos conceitos. O *moodboard* ajuda a inspirar soluções baseadas em formas. É particularmente útil para a criação de novas marcas.

Esses painéis podem ser montados pelo seu público-alvo junto com o cliente, por exemplo. O confronto de percepções será rico para a real construção dos *equities* visuais da marca, por exemplo.

Para criar um *moodboard* de uma forma rápida e de fácil organização, utilize revistas antigas, folhas de papel pardo, post-it, cola e tesoura, e *pilot*. Primeiramente, realize um jogo de palavras. Peça para os participantes escreverem em post-its palavras associadas ao projeto.

O grupo então deve organizar essas palavras por similaridade, e iniciar a colagem de imagens do significado dessas palavras. Será particularmente rico para o cliente que participar dessa atividade, pois ele verá como o significado das palavras é diferente para as pessoas. Durante uma construção dessa natureza, a equipe responsável pela criação de um novo cosmético descobriu que, para usuários latinos, o aroma coco é sinônimo de limpeza. Algo impensável seria o azeite, proposta original do cliente.

Sketchfest

Uma regra de criação para Designers é a visualidade. Tornar tudo visual, através de desenhos. Não é necessário ser nenhum artista para expressar-se visualmente. Bonecos de palitos podem representar uma ideia.

O desenho tem uma função dupla. A primeira é a tangibilização das ideias. Ao desenhar, a ideia deixa de existir somente na cabeça do seu criador e passa a ser compartilhada pelo grupo, que passa a ter a possibilidade de evoluir a ideia em outra direção. A outra função do desenho é retirar a ideia da cabeça. Uma vez materializada, o criador coloca um ponto final na ideia e se sente responsável por gerar uma nova ideia, diferente da primeira. O registro da ideia liberta o criador para explorar outras possibilidades.

O *Sketchfest* é uma terminologia criada por um colega, James Sneider, em tom de brincadeira, para se referir a sessões de ideação organizadas por ele, em que não era permitido falar, somente desenhar. Essas sessões eram muito produtivas para criar novos produtos.

Matriz morfológica

Essa matriz consiste na desconstrução de algo existente em diversas etapas menores e propor alternativas para cada elemento. Imagine que uma equipe é responsável por recriar um liquidificador. A proposta da matriz é desconstruir o produto em diversas funções e propor novidades. Ao desconstruir um liquidificador, pode-se pensar em diferentes modos de: alimentar a energia, ligar, controlar as velocidades, encaixar o copo, fechar a tampa, processar, limpar e desligar. Ao gerar diferentes meios de executar cada uma dessas tarefas, pode-se combinar as diferentes ideias de diferentes modos.

Apesar de ser utilizada no Design de produtos, pode-se utilizar essa matriz para novos serviços, por exemplo. Basta substituir o produto por etapas de um serviço. Deve-se cuidar para correlacionar os hábitos de uso observados em campo com cada elemento da tabela. No caso do liquidificador, como seria a melhor forma para controlar a velocidade com apenas uma mão molhada, já que a outra carrega um bebê recém-nascido?

Blueprint criativo

A matriz morfológica aplicada em serviços pode ser potencializada através da utilização do *blueprint*, já explicado no capítulo anterior. Ao utilizar essa ferramenta, a equipe criativa pode propor novas interações, novos pontos de contato ou até mesmo novos caminhos para que o usuário possa trafegar pelo serviço de modo mais simples ou agradável.

Sessões generativas

Funcionam como workshops colaborativos que engajam clientes e consumidores como parceiros no desenvolvimento de novos negócios, através da criação de novos produtos e serviços. Juntos, exploram alternativas de cenários futuros e criam situações vantajosas para clientes e usuários.

Esses workshops ajudam os clientes a terem respostas rápidas a respeito de algumas ideias pré-conceituadas através da interação com seu público. Permite que o usuário possa construir novas ideias a partir do que foi proposto pelo cliente.

O processo não é baseado no que os usuários pedem nos setores de atendimento ao consumidor. Não se busca incrementar ideias já existentes. Nesses workshops, o foco é entender as necessidades dos usuários e criar ofertas que possam se tornar atrativas para responder a essas necessidades.

A cocriação ajuda a criar valor compartilhado, atendendo às necessidades reais de quem usa o seu produto/serviço. É um processo de baixo custo, que ajuda a reduzir os riscos de implementação e gera novas possibilidades. Além disso, ela gera significado para os usuários, envolvendo-os no processo criativo. Esse processo elimina a autoria do projeto, tornando-o mais colaborativo e interativo. Todos se tornam donos das ideias.

As ideias geradas em processo colaborativo serão "brutas". São como pedras preciosas, precisam ser lapidadas para ter o seu valor reconhecido. Haverá um momento posterior para que as ideias possam evoluir. Lembre-se de que elas precisam de maturação. Neste momento, as ideias estão em seu momento mais rudimentar e indicam caminhos. O processo colaborativo é um aprendizado e, à medida que evolui, mais aprendemos sobre as necessidades dos usuários.

Não existe fórmula mágica para criar sessões de cocriação. O organizador deverá ser criativo e promover a integração do grupo com um propósito.

Um passo a passo sugerido é:

1. Recrutar os participantes.
2. Informar o cliente de como será a sessão de cocriação.
3. Recepcionar os participantes.
4. Realizar as atividades de estímulo à geração de ideias.
5. Apresentar os resultados.
6. Colher o feedback dos outros participantes.
7. Definir os próximos passos.
8. Agradecer a participação.

Antes de começar uma sessão, deve-se ter o cuidado de selecionar cuidadosamente os participantes. Usuários deverão ser capazes de se comunicar e ser experientes no uso do produto/serviço. Devem estar dispostos a contribuir para a melhoria, e motivados para ajudar. Devem participar diversos grupos de usuários, para que haja confronto de ideias. Muitas vezes, usuários e não usuários travam batalhas de ideias muito ricas para quem assiste.

Já os clientes devem ser "treinados" nas regras de geração de ideias apresentadas acima. Um time multidisciplinar pode trazer diferentes estímulos para geração de ideias. As questões do time de produção apresentadas para serem resolvidas são bem diferentes das questões do time de marketing.

Os participantes não chegarão ao mesmo tempo e é importante recebê-los e deixá-los confortáveis até o início da sessão. Alguns facilitadores aproveitam esse momento para "quebrar o gelo" entre os envolvidos, oferecendo um bufê e incentivando apresentações iniciais. À medida que comem e bebem, os participantes iniciam uma conversa despretensiosa, fundamental para quebrar o gelo inicial.

As sessões devem começar apresentando os participantes e deixando-os confortáveis e livres para poder falar o que bem entenderem. Dinâmicas de relaxamento ou de apresentação costumam funcionar. Em uma sessão realizada entre adolescentes e editores de material didático para uma escola de idiomas, os participantes realizaram um jogo de memória em conjunto, criando sinergia no grupo. Propor um desafio a ser trabalhado em grupos cria identidade entre os integrantes do grupo. Os adolescentes perderam o bloqueio inicial ao participar do jogo, assim como os executivos voltaram à adolescência durante o desafio.

É importante que as sessões sejam muito visuais. Abuse do uso de imagens para exemplificar e apresentar a questão a ser trabalhada. Assim como as ideias, que também devem se tornar visuais. Deixe claro que os desenhos gerados não precisam ser bem feitos. O tempo de execução será curto e o que você precisa é um registro que possa explicar uma ideia. Em um prazo curto, não se pode exigir desenhos muito elaborados.

Proponha poucas questões para a ideação. Evite resolver os detalhes nessas sessões criativas. Busque as ideias brutas, e não as lapidações. Sua equipe poderá desenvolver as ideias posteriormente.

Use estímulos para a geração de ideias. Colagens, teatro, desenhos, construção com massinha ou sucata tornam as sessões mais ricas. Em um projeto para uma empresa de transporte ferroviário, os participantes foram estimulados a criar uma estação de trem usando apenas sucata e massinha. O resultado foi inesperado e propunha uma nova dimensão de uso do espaço das estações. Em outra sessão realizada em um curso de pós-graduação, estudantes criaram novas experiências relacionadas à visitação dos monumentos históricos de Brasília.

É fundamental que se abra espaço para a discussão das ideias geradas. Outros usuários e clientes poderão contribuir para a ideia, enaltecendo o que ela tem de bom e o que pode ser melhorado. Tenha o cuidado de registrar esses depoimentos, que são muito ricos em informação para a posterior lapidação das ideias. Torne as apresentações das ideias, pessoais. Peça para os participantes tangibilizarem as ideias com exemplos de situações em que os conceitos se encaixam.

É interessante manter contato com os participantes após uma sessão de cocriação, pois muitas ideias surgem após relaxarmos. Além das ideias posteriores, esse contato pode ajudá-lo a avaliar o resultado de uma ideia lapidada. O usuário costuma ser bastante receptivo, pois se sente curioso em ver o resultado do seu trabalho materializado.

Termine toda sessão agradecendo aos participantes.

Force fit

Muitas ideias geradas em sessões generativas tendem ao absurdo. Estimulamos essa prática, pois de uma ideia aparentemente estapafúrdia pode surgir algo inesperado e que resolve o problema. Porém, é necessário encaixar essa ideia em um contexto real, e isso não deve ser feito durante o processo generativo, mas sim após. Cortar o fluxo criativo reprimindo ideias é o primeiro passo para ideias medíocres.

Para utilizar essas ideias absurdas em um contexto de projeto, é necessário interpretá-las e trazê-las para a realidade. Isso deve ser feito pelos pesquisadores, que entendem e compreendem o universo do projeto e as pessoas que irão ser impactadas pelo resultado.

Em um projeto realizado com uma equipe de jornalistas, foi proposto o desafio de realizar coberturas em ambientes inóspitos, como uma enchente ou uma plenária repleta de outros jornalistas. Durante a sessão generativa, o facilitador estimulou os participantes solicitando que propusessem ideias como super-heróis. Os jornalistas criaram ideias como se o Batman ou o Homem-Aranha fossem realizar coberturas naquelas situações. Uma equipe pensou no cinto de utilidades do Batman, que poderia ser de grande ajuda ao poder escolher o equipamento correto na hora certa. Essa ideia, a princípio absurda, deu origem à reformulação da sala de equipamentos. Baseados no princípio do cinto de utilidades, repensaram a organização dos equipamentos, que deveriam estar separados por tipo de atividade. Caso o jornalista deva cobrir uma operação policial, ele já tem separado, nessa sala, um colete com todo o equipamento necessário. Se ele tiver que cobrir uma enchente, as câmeras à prova d'água e as capas de chuva já estariam separadas para esse uso.

Esse exercício de trazer para a realidade é importante para que as ideias não se percam. Outro exemplo foi a sugestão de teletransporte para resolver o problema do deslocamento no Rio de Janeiro. Porém, ainda não existe tecnologia capaz de teletransportar pessoas. Quando os pesquisadores reavaliaram a apresentação dessa ideia pelo participante, descobriram que o seu real desejo não era relacionado ao tempo de viagem, mas sim, ao desconforto. Durante a apresentação da ideia de teletransporte, o participante relatou que havia sugerido essa ideia, pois a viagem era muito cansativa e tediosa. Logo, os pesquisadores adaptaram essa ideia para uma reformulação relacionada a entretenimento a bordo e conforto dos passageiros.

A transição da ideia para a realidade deve ser pautada pelas pesquisas, e não pela criatividade. Por isso, deve ser realizada somente após a sessão criativa. É um momento de análise, de interpretação que não requer criações.

Matriz de ideias

O julgamento de uma ideia pode ser precipitado se baseado no gosto ou na simpatia da equipe por um ou outro conceito. Corre-se o risco de perda de credibilidade se esse processo não for claro. O cliente pode descreditar a validade da ideia se for baseada somente em achismos, mesmo que eles estejam certos. A inovação nem sempre é bem aceita no primeiro olhar.

A matriz de ideias oferece uma ótima alternativa para não entrar em qualificações pessoais. Com base nos critérios norteadores citados anteriormente, monte a sua matriz colocando todos os critérios em uma coluna. Na sequência, atribua um peso para cada critério. Pode-se utilizar um valor de 1 a 5, por exemplo, sendo 5 o critério mais importante.

Em seguida, inclua cada ideia gerada em uma linha, de modo sequencial. Atribua uma nota a cada ideia gerada. Você terá uma tabela similar à abaixo (Fig. 5.2).

CRITÉRIO	PESO	IDEIA 1	IDEIA 2	IDEIA 3	IDEIA 4
Originalidade	5	6	3	10	8
Viabilidade	3	7	10	5	7
TOTAL		51	45	**65**	61

FIG. 5.2 – **Matriz de ideias.**

Neste exemplo, a ideia 3 é a mais indicada, pois recebeu maior pontuação. Esse tipo de tabela ajuda a justificar a opção por uma ideia que, perante um único olhar, pode parecer equivocada.

Para o sucesso dessa ferramenta, é preciso ser bastante cuidadoso com a escolha dos critérios. Eles podem configurar outros cenários caso não sejam adequados ao projeto. Além disso, é importante que as ideias já tenham passado pelo processo de *force fit*, para que possam competir em pé de igualdade entre elas.

Modelos de negócio

Outra forma bastante eficiente de se classificar ideias é utilizar a ferramenta de modelo de negócios proposta por Osterwalder, o *Business Model Canvas*. Nesta ferramenta, pode-se distribuir suas ideias dentre as áreas correspondentes. Ideias relacionadas a parcerias, a canais de distribuição ou à proposta de valor do seu cliente podem ser agrupadas configurando um novo modelo de negócio.

O *canvas* possui nove quadrantes (Fig. 5.3), que combinados, formam o modelo de negócio. Os principais são a Proposição de Valor e o Segmentos de Clientes.

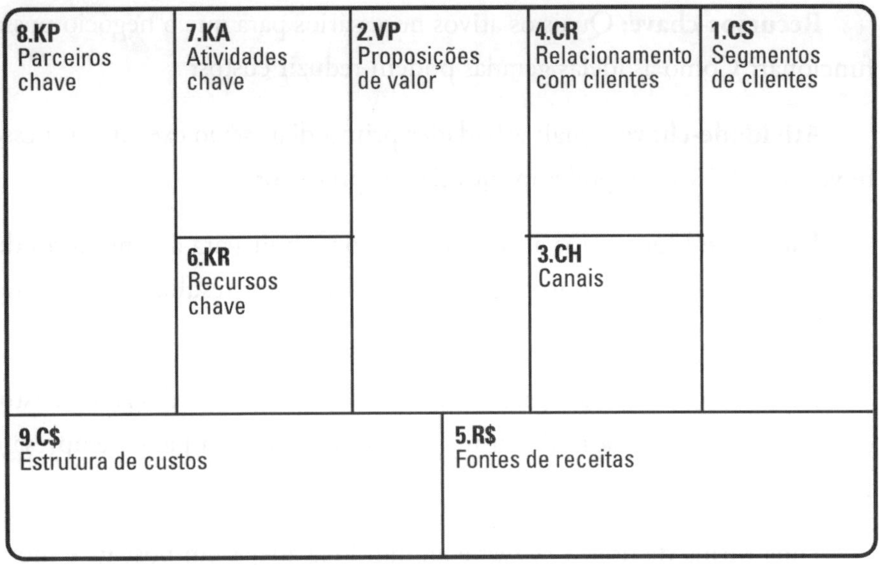

FIG. 5.3 – *Business Model Canvas* (Osterwalder, 2010).

Segmentos de clientes: Define o público alvo que se pretende servir. Para quem estamos executando esse projeto?

Proposta de valor: Quais ideias de ofertas de serviços ou produtos foram geradas? Como elas entregam valor para o público-alvo?

Canais: Que ideias estão relacionadas à forma de comunicação? Como elas serão distribuídas? E como elas influenciam na venda?

Relacionamento com o cliente: Qual mensagem a empresa quer passar, e qual o tom da voz para isso? Que tipo de relacionamento será estabelecido?

Fontes de receitas: Quais as alternativas para o cliente pagar pelo serviço? Como será a relação de negociação com o seu público-alvo?

Recursos-chave: Quais os ativos necessários para que o negócio possa funcionar? Como as ideias geradas podem reduzir custos?

Atividade-chave: Quais atividades primordiais serão executadas nesse novo modelo? Como podemos otimizar o processo?

Parcerias: Que outros atores podem contribuir para a construção do negócio? Como fornecedores diferentes podem gerar resultados diferentes e positivos?

Estrutura de custos: Quais ideias contribuem para redução de custo, ou envolvem uma relação de custo-benefício satisfatória para a empresa e para o cliente?

Uma forma de usar o *canvas* é anotando as ideias em post-its e montando-as sobre a estrutura desenhada em papel pardo. Em outra estrutura menor, desenhada em uma folha A4, por exemplo, a equipe poderá selecionar as ideias de diferentes modos, gerando novos modelos de negócio.

6

Estudo de caso

Este capítulo é a transcrição de um artigo apresentado pelo autor no 6º Congresso da ABEP – Associação Brasileira de Empresas de Pesquisa. O artigo mostra um estudo de caso no qual se utilizou o processo de Pesquisa Criativa no segmento de ensino de idiomas.

INTERAÇÃO CRIATIVA: NOVAS ABORDAGENS PARA A PESQUISA QUALITATIVA

Apresentação

O sucesso no ensino de idiomas da Cultura Inglesa do Rio de Janeiro permite milhares de estudantes se comunicarem com pessoas de outras culturas apropriadamente. A empresa possui alta tecnologia de ensino e equipe bastante capacitada e treinada. Pioneira em interatividade, oferece avançados recursos tecnológicos, como o Projeto E-board: quadro interativo multimídia com conteúdo exclusivo em todas as salas de aula. A empresa tem valores de tradição, vanguarda e qualidade que são transmitidos pelos seus colaboradores para seus alunos.

O livro didático é a ferramenta mais importante de contato com os alunos. Ele é criado pela editora Learning Factory, e funciona tanto como documentação de conteúdo quanto um delimitador de lições, além de conter o conteúdo programado para cada aula. Cada período de curso corresponde a um livro específico, customizado de acordo com a faixa etária.

A Cultura Inglesa do Rio de Janeiro precisava atualizar o conteúdo do livro, e demandou uma pesquisa qualitativa, através de sua editora, para compreender quais assuntos e temas eram mais relevantes para os seus alunos. O livro didático, em uso há mais de cinco anos, precisava se adequar às expectativas dos alunos em relação ao conteúdo e às atualidades do nosso tempo.

A Learning Factory optou por contatar uma empresa de pesquisa de mercado para executar um trabalho de pesquisa qualitativa, através de grupos focais. A empresa de pesquisa, após analisar a demanda, decidiu oferecer um novo processo de pesquisa, chamado Interação Criativa. Esse processo unifica técnicas de pesquisa qualitativa tradicional com ferramentas de *Design Thinking*. Isto é, essencialmente, um processo de inovação centrado no usuário que procura enfatizar a observação, a colaboração, aprendizado rápido, visualização de ideias, prototipação rápida de conceitos e análise de negócios. O objetivo principal é influenciar a inovação e abrir novas estratégias de negócios (LOOKWOOD, 2010).

O intuito dessa oferta foi a gama de possibilidades que se apresentaram. O livro didático é um elo entre a escola e o aluno que possibilita muitas novas oportunidades de aprendizado. O significado do livro para o estudante extrapola a dimensão da leitura e do estudo, tornando-se um ícone do conhecimento. Cada vez que o aluno passa de ano, um novo livro lhe é entregue, afirmando uma continuidade e uma evolução no processo de aprendizado.

Desconstruindo o briefing

A equipe de desenvolvimento decidiu trabalhar utilizando a Interação Criativa, que iniciou seus trabalhos com uma dinâmica de *kick off*.

Essa dinâmica é útil para orientar e definir as diretrizes de pesquisa. Ela iniciou com uma apresentação sobre a metodologia, as etapas e o cronograma de atividades. Seguiu com um formato menos convencional de reunião, para que todos pudessem contribuir de modo igualitário. Orientou que os participantes recebessem post-its para construção de "diagrama de afinidades", ao final da reunião.

Cada participante expôs o seu ponto de vista sobre o que deveria ser investigado, gerando um debate em que todos puderam falar e ser ouvidos. Cada participante anotou as palavras mais importantes do discurso de seus colegas nos post-its. Em seguida, foram instruídos a agrupar, coletivamente, as palavras por afinidade.

Esses grupos de palavras formados foram intitulados, e deram origem aos temas mais importantes para o projeto.

O diagrama de afinidades é uma técnica adaptada do antropólogo japonês Kawakita Jiro. É uma ótima ferramenta para assimilar e entender grandes quantidades de informação[8]. Estabelece relações entre informações desconexas, descobrindo novas ligações entre os fatos e as percepções.

Durante essa atividade, os participantes notaram que deveriam investigar muito mais do que o livro didático. Deveriam repensar as formas de interação que promovem o aprendizado.

Entendendo os usuários

Uma vez que todas as variáveis contidas nas mentes dos colaboradores foram, literalmente, postas no papel, foi o momento de iniciar o recrutamento para executar a pesquisa. Optou-se por uma amostra de duas regiões (Zona Norte e Zona Sul) de unidades com

[8] Disponível em: www.mindtools.com. Acesso em 12/06/2013.

desempenhos diferentes. Pretendia-se entender as diferenças entre unidades de excelência e unidades em desenvolvimento.

Para abordar todos os temas de investigação descobertos, foi necessário realizar um conjunto de técnicas investigativas. Para que um trabalho de pesquisa ocorra são necessárias três fontes de informação fundamentais: o que as pessoas falam, como elas agem e o que usam (SPRADLEY, 1979).

Uma das técnicas escolhidas foi a observação direta, em sala de aula, onde o pesquisador não interagiu com os alunos, sendo um expectador das dinâmicas em sala. Essa técnica ajuda a entender as dinâmicas de sala de aula e a perceber como funcionam as interações entre os alunos e os professores.

A observação é um processo sistemático de ver e documentar o comportamento humano e os fenômenos culturais sem questionar, comunicar ou interagir diretamente com o grupo de estudo (O'GRADY, 2006). Após cada sessão de observação, os pesquisadores adquiriram mais informações conversando com os professores. Eles estão em contato direto com a turma, e sabem quais dinâmicas, exercícios e textos funcionam em sala de aula e a forma de utilização do livro na mesma.

Os professores contribuíram com informações do dia a dia de sala de aula, e como realizavam adaptações nas atividades propostas por conta das limitações do material. A investigação com os professores ajudou a entender o outro lado da sala de aula, assim como a entender também um novo usuário do livro: o próprio professor.

Além das experiências vividas em sala e das conversas com os professores, foi necessário utilizar entrevistas em profundidade para saber o que as pessoas pensam e sentem em relação às aulas, além de entender como elas aprimoram o aprendizado fora de sala. As entrevistas permitiram conversas detalhadas sobre os temas. Essa técnica permite flexibilidade e possibilita também abordar diversos temas e conectar as informações posteriormente, criando relações aparentemente improváveis.

Essas entrevistas foram realizadas nas casas ou no local de trabalho dos entrevistados (no caso dos adultos), com o objetivo de entender como o ambiente pode influenciar o estudo fora de sala de aula. Uma das preocupações em relação ao aprendizado é a continuidade e frequência com que ele se dá fora da aula. As entrevistas iniciaram com um bate-papo sobre a vida do interlocutor, seus hábitos, sua rotina e suas particularidades. Pretendeu-se entender onde o estudo de idiomas se encaixa nas diversas rotinas dos entrevistados. As entrevistas evoluíram para compreender a importância de se aprender o inglês, e como ele pode fazer parte do dia a dia de um profissional ou de um estudante. Havia o desejo de entender as expectativas com o aprendizado, em como se medir a evolução e quais aspectos o aluno considera ao avaliar seu próprio desenvolvimento.

A avaliação do material didático e suas possíveis melhorias foram deixadas para o final da entrevista, uma vez que o entrevistado já estaria mais à vontade com o entrevistador. Como as entrevistas envolviam adolescentes, optou-se por técnicas indiretas de coleta de informação, ao invés de somente perguntas. Foi criado um jogo, onde os adolescentes deveriam montar a sua sala de aula utilizando massa de modelar. À medida que eles iam criando os ambientes, deveriam narrar o que acontece em cada canto da sala.

Essa dinâmica favorece a interação com o entrevistado, pois ele projeta seus pensamentos na construção do ambiente, e "esquece" que está sendo entrevistado. Essa projeção faz com que utilize exemplos, conte situações especiais, sinalize suas sensações a respeito da relação tempo/espaço da sala de aula. Ele deixa de conversar com o entrevistador e inicia um monólogo descritivo sobre a situação que está projetando. Assim, informações são obtidas de modo indireto, sem a necessidade de perguntas específicas.

No caso de adultos, optou-se por outra dinâmica: um jogo associativo de palavras e imagens. Levou-se um conjunto de imagens de diversas mídias e formas de transmissão de conteúdo (TV, CDs, DVDs, livros etc.) e outro conjunto de palavras diversas, relativas ao contexto de ensino de inglês. Essas palavras vieram da dinâmica de *kick off*, portanto, estavam de acordo com a proposta do projeto.

Além das palavras sugeridas, os entrevistados estavam livres para propor novas palavras, e assim contemplar algum assunto que não tenha sido considerado anteriormente.

Essa dinâmica também contribuiu para que o interlocutor adulto perdesse o foco no entrevistado e passasse a pensar em voz alta.

Conhecida como *card sorting*, essa técnica é um exercício de organização de palavras no qual o participante recebe uma série de tópicos e é instruído a criar grupos que façam sentido para ele. Ela é útil para gerar insights sobre como as pessoas organizam e classificam a informação (GOODWIN, 2009).

As entrevistas foram documentadas e analisadas pelos pesquisadores envolvidos, utilizando uma triangulação das informações obtidas com as entrevistas, as observações e as informações previamente coletadas com a equipe de desenvolvimento. O diagrama de afinidades, criado durante o *kick off*, foi uma ferramenta importante para orientar e selecionar as informações a serem passadas para a equipe de desenvolvimento da Learning Factory.

Workshop de Sensibilização

As informações obtidas anteriormente poderiam ser facilmente transmitidas através de uma apresentação de slides, ou impressas em um documento encadernado. Porém, essa prática corria o risco de acabar em uma gaveta ou em um diretório virtual. O fundamental de uma pesquisa é ser absorvida e levar a *insights* que resultem em ideias.

É muito comum empresas realizarem pesquisas, entenderem melhor seus clientes, e simplesmente não utilizarem essa informação para criar novos produtos e serviços mais conectados com as necessidades, desejos e aspirações do seu público.

Portanto, o processo de pesquisa criativa não apresentou somente os resultados. Trabalhou-se, junto com o cliente, para que *insights* se tornassem ideias para serem implementadas.

O Workshop de Sensibilização é a primeira etapa dessa transição. O cliente é convidado a participar de uma atividade na qual ele deve interagir com a informação coletada de campo intensamente. Assim, baralhos com as citações de campo mais relevantes foram distribuídos para os participantes. Todos leram as citações para o grupo e, individualmente, escolheram as citações que consideraram mais interessantes, para interpretar o significado de cada uma. Na sequência, preencheram uma tabela dividida em duas colunas. Na primeira, devem colar a citação, na segunda coluna escreveram a interpretação do significado da frase. Essa interpretação é um *insight*, uma descoberta que pode gerar um novo produto, um novo serviço ou uma nova abordagem. Por exemplo, uma citação de aluno foi:

"*Vou falar de um tempo para estudo, mas seria partido. Meia hora por semana. Eu não ficaria 40 minutos sentado. Isso não vai rolar! Às vezes falta tempo, às vezes falta saco [sobre estudar em casa, no computador]*".

Um *insight* gerado foi:

O conteúdo online deve ser modular. Deve permitir que o aluno possa utilizar de modo não sequencial, retornando à atividade quando dispuser de tempo livre.

Esse *insight* foi relativo à possibilidade de estudo através do website do curso, possibilitando ao aluno uma forma não linear de estudo, inédita para a empresa.

Assim, diversos cartões contendo os achados de campo e os *insights* foram, então, distribuídos entre os participantes, de acordo com a sua área de atuação no projeto. Cartões relativos ao conteúdo ficaram com a equipe de conteúdo, os relacionados à tecnologia, com a equipe de tecnologia e assim por diante. Desse modo, cada participante pôde interpretar e direcionar a geração de ideias para sua área de atuação. Em uma pesquisa qualitativa tradicional, a entrega final é justamente esse conteúdo: os achados de campo.

Cocriação

O melhor modo de se chegar a uma solução correta para um problema é gerando muitas possibilidades, pois quanto mais alternativas de soluções possuímos, maior o nosso leque de escolha. A cocriação é uma forma de colaboração mútua entre a empresa e seus clientes, capaz de ampliar as possibilidades de solução. Ela engaja os potenciais usuários como parceiros do desenvolvimento de novas ideias.

O objetivo da cocriação é fazer com que as soluções não surjam somente de dentro da empresa. Ao trazer o cliente para gerar ideias, contamos com uma perspectiva externa, alheia às limitações do dia a dia da empresa, e como consequência, eliminamos diversos bloqueios criativos. Podemos afirmar que, mais do que entender o usuário, a cocriação ajuda a aprender com ele, e juntos, empresas e usuários, podem criar em conjunto.

A cocriação foi realizada através de quatro sessões intensivas de geração de ideias. Ao contrário de um *brainstorm* tradicional, as dinâmicas propostas nessas sessões foram direcionadas a soluções específicas e levantadas de acordo com o que havia sido discutido durante o workshop de sensibilização.

A dinâmica de cocriação juntou alunos, adolescentes e adultos, dos cursos da Cultura Inglesa do Rio, com os colaboradores responsáveis pela criação do novo material didático. Essa etapa do projeto buscou extrair ideias dos alunos sobre como deveria ser o material didático do curso, de forma orientada, sob a condução dos integrantes do projeto. Desta forma, evitamos ideias fora de contexto, e encontramos soluções mais próximas da realidade.

O processo iniciou-se com uma breve apresentação dos participantes, e os objetivos do encontro. De modo informal, foram orientados a relaxar e levar o exercício proposto sem se prender a regras mais elaboradas. Dinâmicas desta natureza necessitam de uma liberdade de regras para que não inibam o potencial criativo.

Os participantes foram divididos em grupos e lhes foram oferecidas uma folha de papel pardo, revistas, *pilot*, tesoura e cola. Cada grupo foi formado com pelo menos um integrante-cliente. Com esse material, deveriam criar uma nova proposta de material didático.

Cada grupo ficou responsável por criar baseado em uma plataforma, visto que uma das conclusões eminentes do workshop de sensibilização estava na multiplicidade de canais para estudar:

- Livro didático.
- Aplicativo para celular e livro digital.
- Site.

O resultado final do trabalho foi uma colagem explicando como deveria ser o novo material didático. Os participantes usaram desenhos, fotos, ilustrações etc. Há uma particularidade em se manter essa atividade bastante rudimentar, aparentemente. É demonstrar para os participantes que o cliente está realmente disposto a mudar, e que os clientes estão sendo inseridos em uma etapa bastante preliminar do projeto. Logo, não há nada definido, portanto, pode-se criar livremente.

Essas colagens foram feitas em folhas de papel pardo, e apresentadas aos colegas. Cada grupo apresentou suas ideias e os outros participantes discutiram e emitiram opiniões sobre o que viam de valor e o que poderia ser melhorado na proposta.

Porém, adolescentes não são espontâneos como adultos, e em ambiente onde não se sentem à vontade, tendem à introspecção. Portanto, as perguntas dos facilitadores (cliente) deveriam ser mais diretas, e mediadas em um contexto.

As atividades propostas criaram um ambiente controlado, onde a interação foi facilitada, e permitiu que o adolescente expressasse suas opiniões. Foi necessário abolir julgamentos de qualquer natureza.

Definidos os temas, alunos e empresa criaram propostas de material didático, gerando ideias para novas abordagens metodológicas.

Com os adolescentes, chamamos o workshop de "*Pizza Meeting*" para tornar a atividade mais espontânea. Fichas com os temas foram disponibilizados aos grupos, assim como dicas e ideias preliminares, para facilitar o fluxo da tarefa.

A MATRIZ DE IDEIAS

Cada sessão de cocriação gerou mais de 60 ideias diferentes. Essas ideias foram avaliadas e trazidas para a realidade da empresa por uma interpretação de conteúdo, gerando novos conceitos. Esses conceitos são sintetizados em uma matriz. Essa matriz é composta de dois eixos. No vertical, estão os critérios norteadores e na horizontal, os conceitos.

Os critérios norteadores são diretrizes para avaliar os conceitos e servem para limitar o projeto e deixá-lo próximo de seus objetivos principais.

Assim, cada conceito foi avaliado em uma escala de 5 a 10, de acordo com a relevância para com o critério norteador. No final, os conceitos com maior pontuação são os recomendados para implementação imediata.

No entanto, a matriz de ideias é suficientemente flexível para que novos critérios possam ser incluídos. É importante ressaltar que ela oferece uma recomendação para avaliar as ideias, e que a implementação e o sucesso do resultado do projeto dependem de diversos fatores que extrapolam a abordagem dessa ferramenta.

A finalização do projeto ocorreu em uma reunião presencial com a equipe da Learning Factory, participantes da Cultura Inglesa Rio e a equipe responsável pela Interação Pesquisa. Além da divulgação da matriz de ideias, foi entregue um documento impresso para circular dentro das empresas.

CONCLUSÕES E RECOMENDAÇÕES

As etapas desse projeto foram definidas através do cruzamento de diversas metodologias. Para a organização da pesquisa, optou-se pelas referências de Collins (2000), no qual define-se o problema de pesquisa *(kick off)*, gerencia a condução do projeto (organização de recrutamento, agendamento dos workshops e condução da pesquisa) e se estabelece quais processos de pesquisa (pesquisa primária e secundária e a definição de critérios norteadores), e, por fim, realiza-se a pesquisa *per se* (as atividades de entrevista e observação participante, por exemplo).

Em campo, optou-se pela utilização de observação participante e entrevistas de inspiração etnográfica, a fim de investigar as emoções, desejos e comportamentos dos alunos.

Nas atividades de cocriação, buscou-se, no Design, referências para a geração de ideias, como as regras de geração de ideias sugeridas por Kelley (2002) e as técnicas para fomentar a criatividade, de Silverstein (2009).

Para a montagem de apresentações e a entrega do documento final, foram empregados os princípios e técnicas de apresentação propostas por Reynolds (2008).

O desenvolvimento do projeto junto à Learning Factory e a Cultura Inglesa Rio é parte da evolução de uma metodologia de pesquisa voltada para a inovação. É necessária uma mistura de procedimentos e técnicas de pesquisa para se chegar a resultados mais proeminentes, que realmente promovam a inovação. A inclusão do Design em processos de pesquisa ressalta a necessidade de substituir as tradicionais pesquisas de mercado por investigações que resultem em novas propostas para o mercado (VERGANTI, 2009).

A adoção de métodos de pesquisa por designers desencadeia um novo universo para as duas áreas de conhecimento, pela desconstrução do próprio Design em um processo de simbiose, onde se torna transdisciplinar e transversal, criando novas abordagens projetuais, adaptáveis, maleáveis e ajustáveis a diversas demandas (ARAUJO, 2012).

No caso da Cultura Inglesa Rio, o processo de Interação Criativa ajudou o cliente a trazer abordagens originais no ensino, através de um novo olhar acerca do material didático. Esse resultado traz mais do que uma atualização de conteúdo e de forma, mas uma nova interpretação da relação do aluno com o aprendizado.

7

Considerações Finais

O processo de Pesquisa Criativa busca valorizar a etapa inicial de imersão, retirada da metodologia de *Design Thinking*. Acreditamos que quanto mais profunda for a pesquisa, maior será a possibilidade de gerar soluções inovadoras para o mundo.

A metodologia proposta aqui busca resgatar a importância do olhar, da empatia pelo outro. Em um mundo cada vez mais veloz, em que designers e profissionais criativos ficam confinados mais de 12 horas em cubículos, forçados e exprimidos por prazos e demandas, as ideias tendem ao lugar-comum. Grandes mentes criativas podem se libertar e criar soluções realmente diferentes e gerar rupturas através de processos de pesquisa, de processos criativos que não envolvem um mesmo comportamento.

A proposta desse livro é retirar os criadores da mesa. Levá-los a campo, forçá-los a pesquisar e ver o mundo. Os estímulos visuais e comportamentais capturados por eles levarão a projetos cada vez mais inovadores. Hoje em dia todos os criativos estão nas redes sociais e conectados com as últimas tendências, portanto, todos bebem da mesma fonte. Profissionais criativos provocados por estímulos diferentes fatalmente irão propor soluções diferentes e inovadoras.

Existem outras formas de evoluir esse pensamento, e acredito que precisamos de mais estudos relacionados aos métodos de aquisição de informação. A antropologia trouxe uma contribuição para o Design, e essa relação ainda pode gerar mais estudos.

A relação dos dados quantitativos com os dados qualitativos também carece de mais estudos conclusivos. Os números e o *Big Data* ainda são pouco explorados pelos profissionais criativos.

O processo criativo conectado com os achados de campo pode ser mais explorado por uma maior participação dos designers no campo de trabalho dos pesquisadores. Institutos de pesquisa e agências de design podem se tornar parceiros ao adotar processos dessa natureza, trazendo um caráter mais consultivo para ambos.

As contribuições em um processo que é multidisciplinar somente agregam valor à metodologia. Cada etapa da Pesquisa Criativa pode ser complementada com informações de outros campos do conhecimento, e buscamos justamente a colaboração de áreas correlatas para o aprimoramento desse método, para que seja uma importante contribuição para o desenvolvimento de projetos relacionados à inovação.

Referências

ARAUJO, Eduardo P. Orientador: NOJIMA, Vera. *Um estudo sobre Etnografia aplicada ao Design.* Dissertação de mestrado PUC-Rio, Departamento de Artes & Design, 2012.

ATKINSON, P. & HAMMERSLEY, Martyn. *Ethnography: Principles in Practice.* 2ª edition. Nova York: Routledge, 1995.

BITNER, M., OSTROM, A. and MORGAN, F. *Service Blueprinting: A Practical Technique for Service Innovation.* Center for Services Leadership, Arizona State University Forthcoming, California Management Review, Spring, 2008.

BLOG, MindTools. Disponível em: http://www.mindtools.com/. Acesso em 25/09/2013.

BRAIDA, Frederico. "Design como forma simbólica e como fenômeno de linguagem: uma conceituação possível." Artigo disponível em: http://www.ufjf.br/frederico_braida/files/2011/02/2009_Design-como-forma-simb%C3%B3lica-e-como-fen%C3%B4meno-de-linguagem.pdf. Acesso em: 23 ago. 2012.

BROWN, Tim. *Change by Design.* Nova York: ed. Harper, 2009.

CLARKE, Alison. *Design Anthropology. Object culture in the 21st century.* Nova York: ed. Springer Wien, 2010.

COLLINS, Hilary. *Creative Research.* Switzerland, Lauseanne: AVA publishing SA, 2000.

CROSS, Nigel. *Designerly Ways of Knowing.* Londres: ed. Springer, (1982) 2006.

____________. *Design Thinking.* Oxford: Berg Publishers, 2011.

DESIGN CONTINUUM. Resonance: What is Design Strategy. Disponível em: http://www.dcontinuum.com/content/expertise_page.php?pageid=74. Acesso em: 10 mai. 2010.

ESSLINGER, Helmut. *A Fine Line*: How Design Strategies are Shaping the Future of Business. São Francisco: ed. Josey Bass, 2009.

DRUMMOND, Carlos. *Nova reunião*: 19 livros de poesia - v.2 p. 537, J. Olympio Editora, 1985.

FETTERMAN, David. *Ethnography: Step by Step*. 3ª ed. Oaks: Ed. Sage Publications, 2010.

GAVER, W.W., DUNNE, A., & PACENTI, E. (1999) *Cultural Probes.* Interactions, Vol.6 (1), p. 21-29.

GEERTZ, Clifford. *A Interpretação das culturas* (1973). Rio de Janeiro: LTC, 1989.

GOODWIN, Kim. *Design for the Digital Age. How to create human-centered Products and Services.* Indianapolis: ed. Wiley Publishing, 2009.

HARMAN, D. *O manual da fotografia digital.* São Paulo: Ed. Escala, 2013.

HUNT, John., NHLENGETHWA, Sam. *The Art of the Idea.* Brooklyn, NY: PowerHouse books, 2013.

INSTITUTO Nacional de Propriedade Industrial. Disponível em: http://www.inpi.gov.br. Acesso em 08/09/2013.

KELLEY, Tom. *A arte da inovação.* São Paulo: Futura, 2002.

KOTLER, Philip. *Marketing para o séc. XXI.* São Paulo: Ediouro, 2009.

LeCOMPTE, Margaret & SCHENSUL, Jean. *Analyzing and Interpreting Ethnographic Data*: The Ethnographer's Toolkit nº 5. Colorado: Altamira Press, 1999.

LOOCKWOOD, Thomas. *Design Thinking, Integrating Innovation, Customer Experience, and Brand Value.* Nova York: DMI Allworth Press, 2010.

MALONE, Mary K. *Qualitative Research Tips, Tricks, and Trends: What Every Researcher Should Know.* Nova York: Paramount Market Publishing, 2011.

MANZINI, Ezio *et al. Solution Oriented Partnership: How to Design Industrialised Sustainable Solutions.* Londres: ed. Oscar Press, 2004.

MATTELMAKI, Tuuli. *Design Probes.* Vaajakoski: Publication Series of the University of Art and Design Helsinki, 2006.

NAFUS, Dawn, ANDERSON, Ken. "The Real Problem: Rethorics of Knowing in Corporate Ethnographic Research." *EPIC: The American Anthropological Association.* Volume 2006 issue 1, p. 244-258, 2006.

NOJIMA, Vera et al. *Design, Comunicação e Semiótica.* Rio de Janeiro: ed. 2AB, 2010.

NORMAN, Donald. *The Design of Everyday Things.* Nova York: Basic Books, 1998.

O'GRADY, Jenn & Kevin. *A Design Research Manual.* Massachusetts: ed. Rockport publishers, 2009.

OSTERWALDER, Alexander & PIGNEUR, Yves. *Business Model Generation: Inovação em modelo de negócios.* Rio de Janeiro: ed. Alta Books, 2011.

PETER, J. Paul & OLSON, Jerry C. *Comportamento do consumidor e estratégia de Marketing.* 8ª ed. São Paulo: McGraw-Hill, 2009.

PHILLIPS, Peter L. *Briefing: A gestão do projeto de Design.* São Paulo: Blucher, 2008.

PINK, Daniel H. *Motivação 3.0: Os novos fatores motivacionais que buscam tanto a realização pessoal quanto profissional.* Tradução: Bruno Alexander. Rio de Janeiro: Elsevier, 2010.

PORTIGAL, Steve. *Interviewing Users: How to Uncover Compelling Insights.* Nova York: Rosenfeld Media Brooklyn, 2013.

REIES, Eric. *A start up enxuta: como os empreendedores atuais atualizam a inovação continua para criar empresas extremamente bem sucedidas.* São Paulo: Lua de Papel, 2012.

REYNOLDS, Garr. *Apresentação Zen.* São Paulo: ed. Alta Books, 2008.

SANDERS, Liz. *Generative Tools for Codesigning.* Collaborative Design, Londres: ed. Springer-Verlag, 2000. CoDesign, Taylor & Francis, mar. 2008. Disponível em: http://journalsonline.tandf.co.uk.

SANDERS, Liz & STAPPERS, Pierre. "Co-creation and the New Landscapes of Design." Disponível em: http://www.maketools.com/articles-papers/CoCreation_Sanders_Stappers_08_preprint.pdf

SCHOUTEN , John. W. & MCALEXANDER, James. H. "Subcultures of Consumption: An Ethnography of the New Bikers." *The Journal of Consumer Research*, Vol. 22, No. 1 (Jun., 1995), p. 43-61. Chicago: The University of Chicago Press, 2009.

SAWHNEY, Mohan. "Research that Produces Costumer Insights." Disponível em: http://www.manyworlds.com/logContent.aspx?to=coViewURLLink&coid=CO12803135215. Acesso em: 07/03/2011.

SILVERSTEIN, D. *et al. The Innovator's Toolkit.* Nova Jersey: John Wiley & Sons Inc, 2009.

SPRADLEY, James P. *The Ethnographic Interview.* Califórnia: ed. Wadsworth, 1979.

SPRADLEY, James P. *Participant Observation.* Califórnia: Harcourt College Publishers, 1980.

SURI, Jane F. & HOWARD, Suzanne G. "Going Deeper, Seeing Further: Enhancing Ethnographic Interpretations to Reveal More Meaningful Opportunities for Design." *Journal of Advertising Research.* P.246-250, 2006.

VERGANTI, Roberto. *Design Driven Innovaton.* Boston: Harvard Business Press, 2009.

ZEITHAML, Valarie et at. *Marketing de serviços: a empresa com foco no cliente.* 5ª ed. Porto Alegre: Bookman, 2011.

Impresso nas oficinas da
SERMOGRAF - ARTES GRÁFICAS E EDITORA LTDA.
Rua São Sebastião, 199 - Petrópolis - RJ
Tel.: (24)2237-3769